Mein Buch
vom
Körper

Sabine Thor-Wiedemann / Angela Weinhold

Mein Buch vom Körper

Ravensburger Buchverlag

Bildnachweis:
Johannes Volz: Umschlagfoto vorn, S. 32, 84; DigitalVision: Umschlagfoto
hinten, S. 24, 26, 56, 58, 64, 92; Heidi Velten: S. 8, 11, 19, 38, 42, 44, 53, 70,
78, 81, 87, 94, 101, 102

Bibliografische Information Der Deutschen Bibliothek
Die Deutsche Bibliothek verzeichnet diese Publikation in der
Deutschen Nationalbibliografie; detaillierte bibliografische
Daten sind im Internet über http://dnb.ddb.de abrufbar.

Die Schreibweise entspricht den Regeln
der neuen Rechtschreibung.

Illustrationen: Angela Weinhold
Umschlaggestaltung: Ravensburger
Layout: Caroline Krämer
Redaktion: Jeanette Stark-Städele
Printed in Germany
ISBN 3-473-35865-7

www.ravensburger.de

Inhalt

Wetten, dass 6

Kennst du deinen Körper? 8

Von Kopf bis Fuß 26

Hallo Welt! 44

Aktiv und fit 56

Essen macht Spaß! 70

Ruhe und Entspannung 78

Bald geht es los 92

Tipps für die Gesundheit 102

Adressen 110

Register 111

Wetten, dass

du noch nie darüber nachgedacht hast, was dein Körper jeden Tag leistet? Dabei ist er immer da, macht, was du willst, und dabei bemerkst du ihn gar nicht. Höchstens, wenn dir etwas wehtut.

Laufen und klettern, essen und wachsen, schlafen und lernen – das alles und noch viel mehr kann dein Körper. Er ist ein richtiges Wunderwerk der Natur. Er ist stark und ausdauernd, gleichzeitig aber auch empfindsam und leicht zu verletzen.

Deshalb

solltest du gut auf deinen Körper Acht geben. Schließlich soll er dir ein Leben lang gute Dienste leisten! Dazu musst du wissen, wie er funktioniert und was gut oder schlecht für ihn ist.

Viele Erwachsene gehen sehr nachlässig mit ihrem Körper um. Sie rauchen, trinken zu viel Alkohol und bewegen sich zu wenig. Und dann wundern sie sich, wenn sie krank werden. Das wird dir später hoffentlich nicht passieren, wenn du die Bedürfnisse deines Körpers kennst.

In diesem Buch lernst du deinen Körper besser kennen. Du erfährst, wie die Organe funktionieren und wie du gesund und fit bleibst. Du wirst staunen, was alles in dir steckt!

Kennst du deinen Körper?

Dein Körper – echt stark!

Ist dir schon aufgefallen, wie samtig deine Haut ist und wie deine Augen glänzen? Nun spür mal ganz bewusst deinen Körper. Merkst du, wie warm und lebendig er ist und wie viel Kraft und Energie in ihm steckt? Dein Körper ist schön und einzigartig. Und er gehört zu dir.

Vieles läuft von selbst

Egal, ob du mit deiner Freundin um die Wette rennst, schwimmst oder einen Handstand machst – dein Körper tut dabei automatisch das Richtige: Das Herz pumpt Blut in die Muskeln, die Lunge holt den Sauerstoff aus der Luft, den dein Körper braucht, und das Gehirn und das Nervensystem sorgen dafür, dass alle Bewegungen so aufeinander abgestimmt sind, dass du nicht stolperst oder fällst. Das alles läuft ab, ohne dass du es bewusst wahrnimmst.

Wachsen und Werden

Kaum zu glauben: Ganz am Anfang deines Lebens bist
du aus zwei winzigen Zellen entstanden. Das waren
eine Eizelle von deiner Mutter und eine Samenzelle von
deinem Vater. Bei deiner Geburt warst du dann schon
ein kompletter Mensch mit Augen und Ohren, Händen
und Füßen. Und heute kannst du Rad fahren, lesen
und hast eine eigene Meinung. Weil du ein lebendiges
Wesen bist, wirst du dich im Laufe
der Jahre körperlich und geistig
immer weiterentwickeln,
erst erwachsen und
später auch alt
werden.

Riese oder Zwerg?

In deiner Klasse sind manche Mädchen und Jungs schon ziemlich groß, andere dagegen noch klein. Manche wachsen eben schneller als andere. Wenn deine Eltern aber nicht allzu groß sind, wirst du selber wohl auch zierlich bleiben.
Und wer große Eltern hat, wird später die meisten seiner Mitmenschen überragen.

Dein Körper ist „verzaubert"

Es ist, als hätte ein Zauberer die Hand im Spiel: Als du geboren wurdest, hättest du spielend in einen Schulranzen gepasst. Und sieh dich jetzt mal an! Du wächst und wächst, zurzeit ungefähr fünf Zentimeter pro Jahr. Wenn du in die Pubertät kommst, wirst du noch rasanter in die Höhe schießen.

„Ich bin die Kleinste in unserer Klasse. Aber im Sport bin ich trotzdem die Beste!"
LILLI, 9 Jahre

Alles hängt zusammen

Wenn ihr in der Schule ein Ballspiel macht, seid ihr mehrere in einer Mannschaft. Jeder hat seine Aufgabe. Einer teilt die Spieler ein und ihr müsst euch absprechen, damit ihr wisst, was jeder vorhat. So ähnlich ist es auch im Körper. Die einzelnen Organe und Körperteile bilden eine Mannschaft, den Körper. Jedes Organ hat seine Aufgabe und muss sich mit den anderen Organen abstimmen, damit es kein Chaos gibt.

Genau abgestimmt!

Wenn du zum Beispiel schwimmst, gibt das Gehirn deinen Muskeln in Armen und Beinen den Befehl, Schwimmbewegungen zu machen. Gleichzeitig bekommt der Kopf Bescheid, dass er über Wasser bleiben muss, damit du kein Wasser schluckst. Die Lunge und das Herz „wissen", dass deine Muskeln wegen der Anstrengung mehr Sauerstoff und Nährstoffe brauchen; deshalb schlägt dein Herz schneller, damit die Muskeln besser durchblutet werden, und du schnappst öfter nach Luft. Gleichzeitig werden Magen und Darm weniger durchblutet, denn sie haben beim Schwimmen Ruhepause. Oder hast du schon mal beim Schwimmen gegessen?

Der Boss: Gehirn und Nervensystem

Das Gehirn gibt die Befehle und die Nerven leiten sie an den ganzen Körper weiter. Das Gehirn sammelt Informationen, die es von den Sinnesorganen, die sehen, hören, riechen, fühlen und schmecken können, bekommt. Zum Beispiel, ob es draußen warm oder kalt ist oder ob die Fußgängerampel gerade rot geworden ist. Dann entscheidet es blitzschnell, was zu tun ist, und gibt Kommandos an den Körper. Wenn die Ampel rot wird, bekommen die Beine den Befehl: Stopp! Und wenn es dir zu warm wird, heißt es: Jacke ausziehen.

Ran an den Feind: die Abwehr

Vor den vielen Krankheitserregern, die den Körper ständig angreifen, werden wir von unserem Abwehrsystem geschützt. Es besteht aus Zellen und Stoffen, die im Körper unterwegs sind und kontrollieren, ob ein Angreifer eingedrungen ist. Sie können Krankheitskeime regelrecht auffressen und so unschädlich machen.

Ab die Post: das Hormonsystem

Außer dem Nervensystem gibt es noch eine andere Möglichkeit, im Körper Nachrichten zu verschicken: die Hormone. Das sind Stoffe, die mit dem Blut in alle Organe kommen. Jedes Hormon enthält wie ein Brief eine Nachricht, die das Organ „lesen" kann.

Tief Luft holen: die Atmung

In deiner Brust liegt die Lunge. Die Luft, die du einatmest, enthält Sauerstoff, den alle Organe brauchen. In der Lunge wird dieser Sauerstoff in das Blut aufgenommen.

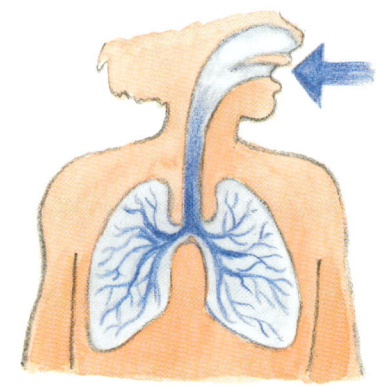

Im Zentrum: Herz und Kreislauf

In den Blutgefäßen läuft das Blut sozusagen im Kreis. Das Herz pumpt das frisch mit Sauerstoff angereicherte Blut aus der Lunge durch die Arterien in alle Organe. Das verbrauchte Blut fließt über die Venen zurück zum Herzen.

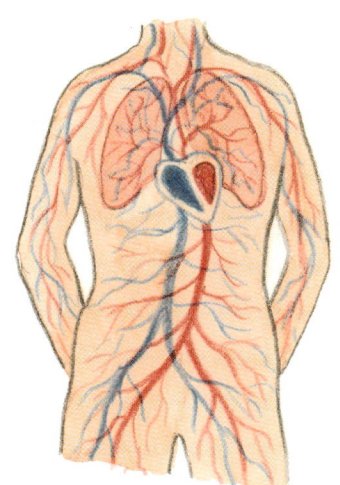

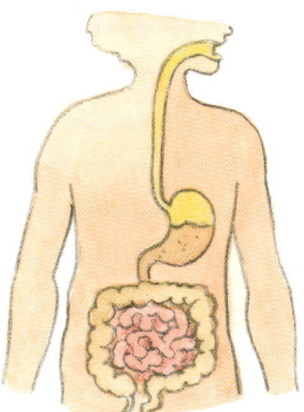

Die Verdauung

Mund, Speiseröhre, Magen und Darm bilden das Verdauungssystem. Alles, was du isst und trinkst, wandert hier durch. Die Nährstoffe im Essen, die der Körper braucht, werden durch den Darm ins Blut aufgenommen. Der Rest wird mit dem Stuhlgang ausgeschieden.

Filterstation: das Harnsystem

Es besteht aus Nieren und Blase. In den Nieren werden wasserlösliche Abfallstoffe aus dem Blut gefiltert und zusammen mit überschüssiger Flüssigkeit aus Nahrung und Getränken über die Blase als Harn (auch Urin genannt) ausgeschieden.

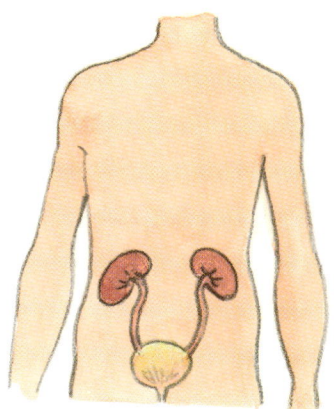

Achte auf dich

Normalerweise funktioniert dein Körper tadellos, ohne dass du viel darüber nachdenkst. Hauptsache du machst ihm die Arbeit nicht unnötig schwer. Zum Beispiel indem du den ganzen Tag zu Hause herumhängst, statt an die frische Luft zu gehen. Viele laufen auch im Winter ohne warme Jacke und Handschuhe draußen herum und wundern sich dann, dass sie eine Erkältung nach der anderen bekommen.

Dabei bist du jetzt alt genug, um selber Verantwortung für deinen Körper zu übernehmen. Ist doch kindisch, wenn du bei eisigen Temperaturen in viel zu dünnen Sachen aus dem Haus gehst und dich auch noch darüber freust, dass deine Mutter nichts gemerkt hat!

Dein Körper ist wie ein wertvolles Geschenk. Es gibt ihn nur einmal. Du kannst ihn nicht austauschen wie einen kaputten Anorak. Sei also gut zu ihm!

Dein Körper sagt Bescheid

Wenn du auf deinen Körper achtest, merkst du, was er braucht. Wenn du dich beim Sport wacklig auf den Beinen fühlst und dich im Unterricht nicht konzentrieren kannst, liegt das vielleicht daran, dass du nicht gefrühstückt hast und Gehirn und

„Mein kleiner Bruder will abends nie ins Bett gehen. Der ist dann total überdreht und merkt überhaupt nicht, wie fertig er ist."

KATHRIN, 10 Jahre

Muskeln keine Energie mehr haben. Wenn du morgens nicht aus dem Bett kommst, hast du garantiert nicht genug geschlafen. Kinder haben oft den Ehrgeiz, abends möglichst lange auf zu bleiben. Wieso eigentlich? Es ist doch gemütlich, sich ins Bett zu kuscheln und vielleicht noch ein bisschen zu lesen.

Was deine Seele braucht

Dein Körper und deine Seele sind eine Einheit. Wenn der Körper krank ist, bist du schlapp und hast zu nichts Lust. Und wenn es dir seelisch schlecht geht, weil du Streit mit deinen Eltern hast oder es in der Schule nicht gut läuft, wirst du leichter krank. Wenn du dich rundum wohl fühlen willst, musst du dich deshalb um deinen Körper und um deine Seele kümmern.

Auch dein Inneres braucht Verschnaufpausen

Wenn du dich ruhig und ausgeglichen fühlst, hast du mehr Widerstands-kraft. Gönn dir jeden Tag Zeit für dich ganz allein und mach in Ruhe die Sachen, die dir Spaß machen. Zum Beispiel Musik hören, ein Puzzle legen oder ein Bild malen.

Seele oder Psyche – was ist das?

Deine Gedanken, deine Gefühle und die Art, wie du bist: All das gehört zu deiner Seele. Heute sagt man auch Psyche dazu.

Kummer macht krank

Vielleicht hast du ja selbst schon einmal erlebt, dass du Bauchschmerzen bekommen hast, weil du Angst vor einer Mathearbeit hattest. Da helfen keine Schmerztabletten und keine Wärmflasche! Aber wenn deine Mutter dir versichert, dass eine Fünf in Mathe kein Weltuntergang ist, geht es dir garantiert schon besser.

Wenn du Probleme hast, solltest du mit jemandem darüber reden. Das können deine Eltern, eine Tante, deine Lehrerin oder eine Freundin sein. Hauptsache, du wirst ernst genommen und hast Vertrauen.

„Wenn wir viele Hausaufgaben aufhaben, krieg ich immer Kopfweh. Meine Mutter macht mir dann Tee und ich lege mich erst mal hin."

LISA, 10 Jahre

„Ich habe so eine Hautkrankheit, die heißt Neurodermitis. Die Haut juckt und wird ganz wund. Aber in den Ferien habe ich überhaupt kein Problem damit."

STELLA, 11 Jahre

TEST: Geht es dir gut?

Wie merkst du, ob du fit und gesund bist? Zum Beispiel daran, dass du morgens Lust auf den neuen Tag hast. Oder daran, dass du Appetit hast und dich aufs Essen freust. Wenn dein Körper gesund ist, hast du auch Spaß an Bewegung und Sport und vielen Unternehmungen.

1. Findest du dich eigentlich ganz okay? *Ja/Nein*
2. Kommst du morgens gut aus dem Bett? *Ja/Nein*
3. Freust du dich aufs Mittagessen, wenn du aus der Schule kommst? *Ja/Nein*
4. Macht es dir Spaß, dich zu bewegen? *Ja/Nein*
5. Kannst du abends gut einschlafen? *Ja/Nein*
6. Hast du meistens warme Hände und Füße? *Ja/Nein*
7. Hast du eine gute Freundin oder eine nette Clique, mit der du etwas unternehmen kannst? *Ja/Nein*
8. Fehlst du höchstens ein paar Tage im Jahr in der Schule? *Ja/Nein*
9. Kommst du in der Schule gut mit? *Ja/Nein*
10. Hast du ein Hobby, das dir Spaß macht (zum Beispiel ein Musikinstrument, Sport oder ein Haustier)? *Ja/Nein*

Auflösung

Zähl nun zusammen, wie oft du „Ja" angekreuzt hast.

Acht- bis zehnmal:

Glückwunsch, Probleme gibt's bei dir nur gelegentlich. Wenn du weiter so gut auf dich achtest, kann nicht viel schief gehen.

Fünf- bis siebenmal:

Dir könnte es besser gehen. Woran liegt es? Hast du zu viel Stress in der Schule, zu wenig Bewegung oder schläfst du nicht genug? In diesem Buch findest du Tipps, wie du besser auf dich achten kannst.

Bis viermal:

Du musst dringend etwas für dich tun, denn du fühlst dich nicht wohl in deiner Haut. Überleg mal in Ruhe, woran es liegen kann – vielleicht zusammen mit deiner Mutter oder einer Freundin. Und dann startest du, am besten mit Unterstützung deiner Eltern, dein Wohlfühlprogramm. Die Tipps in diesem Buch können dir dabei helfen.

Wie ist das mit dem Aussehen?

Viele Mädchen sind nicht zufrieden mit ihrem Aussehen. Die einen finden sich zu dick, andere können ihre Sommersprossen nicht leiden oder schämen sich, weil sie eine Brille brauchen. Guck dich doch mal um! Fast niemand sieht aus wie die Mädchen aus den Zeitschriften. Wäre doch auch langweilig, so eine Welt voller Barbiepuppen! Und vielleicht finden deine Freundinnen gerade deinen roten Wuschelkopf super, obwohl du dir nichts sehnlicher wünschst als glatte, blonde Haare. Viel wichtiger als ein Model-Gesicht und schicke Klamotten ist deine Ausstrahlung. Wenn du ein guter Kumpel bist und Spaß verstehst werden die anderen dich sympathisch finden.

Janas Geheimnis

„Wie sieht die denn wieder aus? Hat sich wohl bei der Altkleidersammlung bedient!" Jana zeigt grinsend mit dem Finger auf Miriam, die sich in ihrer Baggy-Jeans und dem Schlabbershirt eigentlich richtig gut findet. Diese blöde Jana, die kann nie ihre Klappe halten! Und Rieke und Anna aus der 4b stehen natürlich dabei und lachen gehässig.

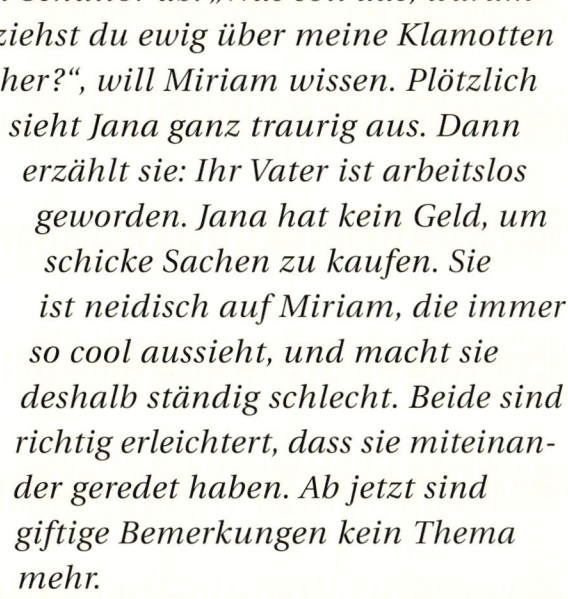

Na warte, denkt Miriam, die Jana krall ich mir nach der Schule. Sie passt Jana am Schultor ab. „Was soll das, warum ziehst du ewig über meine Klamotten her?", will Miriam wissen. Plötzlich sieht Jana ganz traurig aus. Dann erzählt sie: Ihr Vater ist arbeitslos geworden. Jana hat kein Geld, um schicke Sachen zu kaufen. Sie ist neidisch auf Miriam, die immer so cool aussieht, und macht sie deshalb ständig schlecht. Beide sind richtig erleichtert, dass sie miteinander geredet haben. Ab jetzt sind giftige Bemerkungen kein Thema mehr.

Selbstbewusst und stark!

Bestimmt hast du so etwas schon erlebt: Ein paar Jungs rufen einem Mädchen „fette Sau" hinterher. Oder sie hänseln dich, weil du eine Brille trägst.

Ganz schlimm ist es oft für Kinder mit Behinderungen, denn manche machen sich sogar darüber lustig.

Fiese Sprüche – nein danke!

Wer ewig rumstänkert, fühlt sich selbst nicht wohl in seiner Haut und versucht nur, die Aufmerksamkeit auf sich zu ziehen. Kann schon sein, dass die anderen in der Klasse erst einmal lachen, wenn eine fiese Bemerkung kommt. Aber beliebt macht man sich damit bestimmt nicht! Lass dich nicht beirren. Sei selber freundlich und offen und lass dich nicht provozieren. Oft hilft es auch, wenn du mit so einem Quälgeist mal ganz ernsthaft sprichst, wenn die anderen nicht dabei sind.

Dein Körper gehört dir!

Kennst du das? Deine Eltern kriegen Besuch von alten Freunden und du sollst „Tante" Dora ein Küsschen geben. Dabei hast du dazu wirklich keine Lust. Höflichkeit hin oder her: Ob du körperliche Zärtlichkeiten austauschen willst, entscheidest du ganz allein. Niemand, nicht einmal deine Eltern, dürfen dir Berührungen aufdrängen, die du nicht selber möchtest. Denn dein Körper gehört dir!

„Im Bus hat sich neulich ein Mann ganz dicht neben mich gesetzt. Da habe ich mir lieber einen anderen Platz gesucht."
KLARA, 8 Jahre

Von Kopf
bis Fuß

Haut, Haare & Co.

Vieles an deinem Körper musst du nehmen, wie's kommt –
blaue oder braune Augen, große oder kleine Füße, volle
oder schmale Lippen – darauf hast du
keinen Einfluss.

Pflege gehört dazu

Aber gesunde Zähne, eine zarte Haut und Füße, die dich
meilenweit tragen, sind kein Zufall. Für deine Körperpflege solltest du dir deshalb jeden Tag ein paar Minuten
Zeit nehmen. Das sollte für dich so selbstverständlich
sein wie essen und trinken.
Dabei geht es nicht nur ums Aussehen. Denn eine schöne
Haut ist immer auch eine gesunde Haut – und die ist
wichtig, um deinen Körper zu schützen. Sauber geputzte
Zähne sehen nicht nur einladend aus, sondern bekommen
auch nicht so leicht Löcher. Und auf gepflegten Füßen
stehst du jeden noch so anstrengenden Tag durch.

Deine Haut lebt

Die Haut ist keine leblose Hülle. Sie ist unser größtes
Organ und schützt den Körper vor Kälte, Wind und
Sonne. Wenn es dir zu heiß wird, bilden Drüsen in der
Haut Schweiß, der den Körper kühlt. Talgdrüsen sondern
Fett ab, das die Haut ständig „eincremt". Winzige Sinnes-
organe in der Haut warnen dich vor der heißen Herd-
platte und schlagen Alarm, wenn du dich verletzt hast.
Aber die Haut fühlt nicht nur grobe Berührungen und
Schmerzen. Sie empfindet auch das zarteste Streicheln –
und das Gehirn liefert die passenden Gefühle dazu, wie
Liebe, Geborgenheit und Zärtlichkeit.

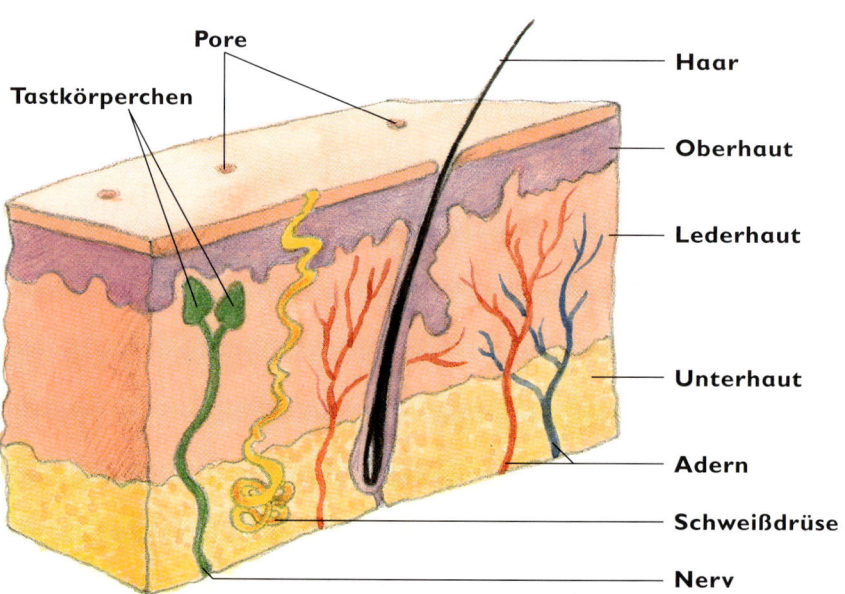

Pore

Tastkörperchen

Haar

Oberhaut

Lederhaut

Unterhaut

Adern

Schweißdrüse

Nerv

Was passiert beim Schwitzen?

Wenn es sehr heiß ist, wenn du Sport machst oder Fieber hast, muss der Körper überschüssige Wärme abgeben. Dann werden die Blutgefäße in der Haut weit und strahlen Wärme ab. Die Haut rötet sich. Außerdem bilden die Schweißdrüsen Schweiß. Wenn der Schweiß auf der Haut verdunstet, ist das eine natürliche Kühlung.

Wenn du frierst,

bekommst du eine Gänsehaut. Dabei stellen sich die Körperhaare auf. Das ist ein Überbleibsel aus der Zeit, als die Menschen noch stärker behaart waren. Tiere können sich so aufplustern, damit sie nicht frieren. Aber unsere Haare sind viel zu dünn, um uns zu wärmen.

Übrigens

Man kann auch schwitzen, ohne dass es einem zu warm ist: vor Angst oder Aufregung. Das ist so eine Art Fehlalarm des Gehirns.

Körperpflege

Die richtige Pflege ist wichtig für die Haut. Aber mach nicht zu viel. Tägliches heißes Duschen oder Baden trocknet die Haut aus und kann ihren natürlichen Schutzfilm gegen Krankheitskeime zerstören. Normalerweise reicht es, wenn du dich einmal am Tag mit einem Waschlappen wäschst und ungefähr alle drei Tage kurz unter die Dusche gehst. Das Gesicht wäschst du jeden Abend mit einer milden Seife oder einer Waschlotion. Wenn die Haut danach spannt, kannst du dein Gesicht mit einer leichten Creme für junge Haut eincremen. Auch deinen Intimbereich zwischen den Beinen solltest du jeden Tag waschen und zwar von vorne nach hinten.

Gut riechen

Wenn du unter den Armen manchmal nach Schweiß riechst, sind das die ersten Vorboten der Pubertät. Wasch die Achselhöhlen einfach täglich mit Seife. Wenn du trotzdem unangenehm riechst, kannst du zusätzlich ein alkoholfreies Deo verwenden, das die Haut nicht reizt.

Reibeisenlippen?

Hast du besonders im Winter raue, aufgesprungene Lippen? Dann bitte deine Eltern, dir in der Apotheke eine gute Lippencreme zu kaufen. Billige Lippenpflegestifte können die Lippen auf Dauer noch mehr austrocknen.

Pickelalarm

Auch wenn du noch nicht in der Pubertät bist, können schon erste Hautunreinheiten auftreten. Wasch dich jeden Abend und drück nicht an den Pickeln herum. Fass dir auch nicht ständig mit den Fingern ins Gesicht.
Wenn du eine unreine Haut hast, solltest du auch täglich deine Haare waschen, denn fettige Haare können Hautprobleme verschlimmern.

Vorsicht, Sonne!

Klar, es tut gut, warme Sonnenstrahlen auf der Haut zu spüren. Aber du darfst nicht übertreiben. Sonst bekommst du einen Sonnenbrand. Wer jeden Sommer viel in der Sonne ist, erhöht außerdem sein Risiko, später Haut- krebs zu bekommen.

„Am Strand habe ich einen Mann gesehen, der schon knallrot war. Trotzdem ist er in der prallen Sonne geblieben. Dabei sieht das doch ätzend aus!" LEA, 10 Jahre

Damit die Sonne deiner Haut nicht schadet, solltest du ein paar einfache Tipps befolgen:

- Bleib im Sommer zwischen 11 und 15 Uhr möglichst viel im Schatten.
- Ein Baseball-Cap sieht gut aus und schützt dein Gesicht vor der Sonne.
- Wenn du im Freibad schwimmen gehst, solltest du dich mit wasserfester Sonnenmilch mit hohem Lichtschutzfaktor (LSF 20) eincremen. Trag die Milch schon zu Hause am ganzen Körper auf.
- Ein T-Shirt schützt oft besser als Sonnencreme. Zieh dir draußen helle, leichte Sachen über.

LSF – was ist das?

LSF heißt Lichtschutzfaktor. Er ist bei jedem Sonnenschutzmittel auf der Packung angegeben. Lichtschutzfaktor 10 bedeutet zum Beispiel, dass du eingecremt zehnmal länger in der Sonne bleiben kannst als mit ungeschützter Haut.
Allerdings: Du kannst die Zeit nicht immer weiter verlängern, indem du dich mehrmals eincremst!

Was deine Hände alles können

Ohne deine Hände wärst du ziemlich hilflos. Sie sind vielseitiger als jedes Werkzeug. Das liegt daran, dass sich in den Händen eine Menge kleiner Knochen und Muskeln verstecken. Sie machen die Hände besonders beweglich und geben ihnen gleichzeitig ihre erstaunliche Kraft. Das Geheimnis unserer Geschicklichkeit ist übrigens der Daumen. Weil er sich den anderen Fingern gegenüberstellen lässt, können wir viel feinere Arbeiten ausführen als jedes Tier.

Knabberzwang

Nägelbeißen ist eine Angewohnheit, die man schwer los wird. Dabei findest du die abgebissenen Nägel bestimmt alles andere als schön! Vielleicht bekommst du von deinen Eltern eine Belohnung, wenn deine Nägel wieder nachgewachsen sind? Du kannst auch die Nägel mit einem Speziallack bestreichen, der eklig schmeckt. Oder du ziehst zu Hause dünne Baumwollhandschuhe an.

Wozu dienen die Nägel?

Die Fingernägel schützen die empfindlichen Fingerkuppen, in denen besonders viele Nerven und Sinneszellen liegen. Sie werden von der Haut gebildet und bestehen aus abgestorbenen Zellen und Horn. Die Nägel wachsen einen knappen Millimeter pro Woche. Deshalb muss man sie alle ein bis zwei Wochen schneiden.

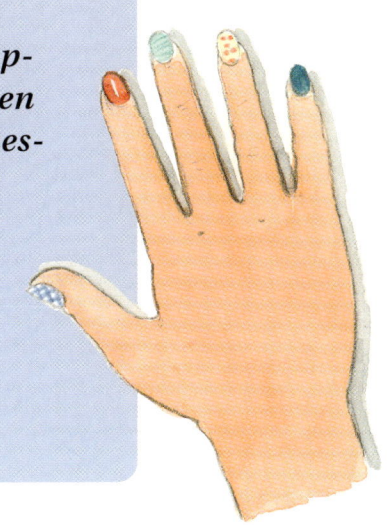

Schmutzige Hände und Trauerränder unter den Nägeln wirken nicht gerade einladend auf andere. Deine Hände musst du immer vor dem Essen waschen und nachdem du auf der Toilette warst. Die Fingernägel solltest du kurz halten und mit einem Nagelreiniger oder einer Bürste reinigen.

Halb so wild: Warzen

Warzen werden von winzig kleinen Krankheitserregern (Viren) verursacht. Meistens verschwinden sie von selber wieder. Wenn es aber immer mehr Warzen werden oder eine Warze besonders hässlich und störend ist, kannst du sie vom Hautarzt entfernen lassen.

Gut zu Fuß

Deine Füße leisten Schwerarbeit. Sie tragen den ganzen Tag dein Gewicht. Außerdem ist aufrecht stehen und gehen eine ganz schön komplizierte Sache, denn das Körpergewicht muss von den Füßen ständig ausbalanciert werden.

Plattfüße – nein danke!

Wenn du viel barfuß läufst, kannst du die Muskeln in deinen Füßen trainieren. Das macht die Füße stark und hält sie in Form. Wer gut trainierte Fußmuskeln hat, bekommt nicht so leicht Plattfüße.

Schweißfüße?

Wenn deine Füße leicht schwitzen, solltest du nur Baumwoll- oder Wollsocken tragen. Sie halten die Füße schön trocken. So kannst du auch verhindern, dass du Fußpilz bekommst. Fußpilz ist zwar nicht gefährlich, aber unangenehm, weil die Füße stark jucken. Auch im Schwimmbad oder in der Turnhalle kannst du dich mit Pilzen anstecken, deshalb solltest du dort nicht barfuß laufen.

Manche Mädchen tragen sogar mit Absicht zu enge oder zu kleine Schuhe, weil sie sie schön finden. Ganz schön dumm!

Sind deine Schuhe groß genug?

Fast die Hälfte der Kinder trägt zu kleine Schuhe! Viele merken das gar nicht, weil sie unbewusst die Zehen anziehen. Auf Dauer gibt das krumme Zehen, Druckstellen und Blasen an den Füßen. Lass deine Füße zwischendurch mal im Schuhgeschäft messen. Manchmal wachsen sie rasend schnell, manchmal auch eine ganze Weile gar nicht.

„Erst als wir kürzlich neue Schuhe gekauft haben, haben wir gemerkt, dass die alten zwei Nummern zu klein waren."

LEONIE, 8 Jahre

Gesunde Zähne

Du steckst gerade mitten im Zahnwechsel. Das heißt, die 20 Milchzähne, die du als Kleinkind bekommen hast, haben ausgedient und werden nach und nach durch die bleibenden Zähne ersetzt. Irgendwann zwischen deinem 12. und 14. Geburtstag hast du dann alle 28 bleibenden Zähne. Die müssen dein Leben lang halten. Deswegen haben sie stabile Wurzeln, die im Kieferknochen verankert sind, und sind mit superhartem Schmelz überzogen.

Krumm und schief?

Die neuen Zähne wachsen nicht immer ganz gleichmäßig nach. Bei vielen Kindern stehen sie schief, zu eng oder zu weit auseinander. Das sieht nicht nur unschön aus, sondern macht auch Probleme beim Abbeißen und Kauen. Dein Zahnarzt kann erkennen, ob du eine Zahnspange brauchst, die die Zahnstellung reguliert.

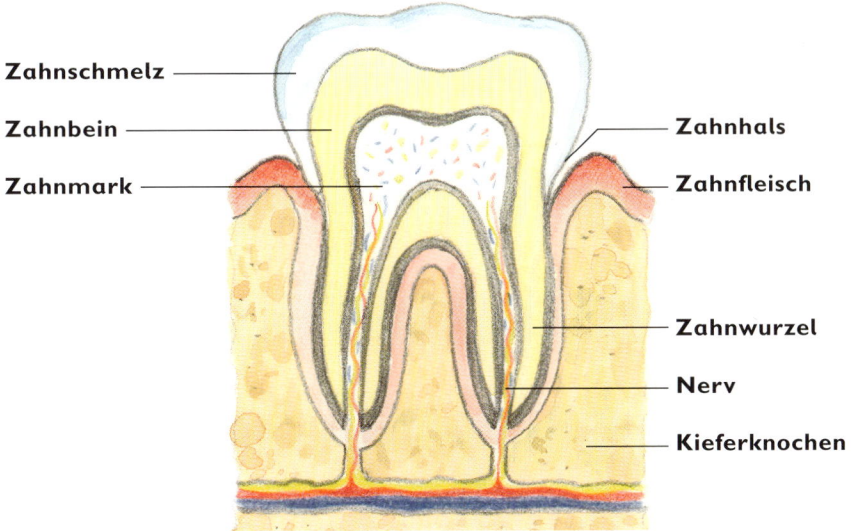

Zahnschmelz

Zahnbein

Zahnmark

Zahnhals

Zahnfleisch

Zahnwurzel

Nerv

Kieferknochen

Zähneputzen – muss das sein?

Auf den Zähnen bildet sich ständig ein Belag, die so genannte Plaque (das spricht man „Plack"). Sie enthält Bakterien, die den Zucker im Essen in Säure umwandeln. Und diese Säure frisst Löcher in den Schmelz. Das nennt man Karies.

Wer die Plaque gründlich weg- putzt und wenig Süßigkeiten isst, bekommt nicht so leicht Karies.

Wenn du auch im Alter noch deine eigenen Zähne haben willst, musst du etwas dafür tun. Zum Beispiel zweimal täglich deine Zähne putzen und ein- bis zweimal im Jahr zur Kontrolle zum Zahnarzt gehen. Und außerdem: Mit gesunden und gepflegten Zähnen ist dein Lächeln gleich doppelt so sympathisch.

So pflegst du deine Zähne richtig

Die richtige Putztechnik ist ganz einfach: Jeden Zahn einzeln auf der Vorder- und Rückseite vom Zahnfleisch weg bürsten. Nur auf den Kauflächen der Backenzähne darfst du hin- und herschrubben. Gründliches Putzen dauert zwei bis drei Minuten.

Am besten lässt du dir die richtige Putztechnik ganz genau vom Zahnarzt erklären.

Die richtige Zahnbürste

- *hat einen kleinen Kopf, der in alle Ecken kommt,*
- *hat abgerundete Kunststoffborsten,*
- *ist weich oder mittelhart.*

Wirf deine Zahnbürste in den Müll, sobald sich die ersten Borsten zur Seite biegen.

Die richtige Zahncreme

- *muss gut schmecken, damit du auch gern putzt,*
- *soll Fluoride enthalten, die den Zahnschmelz härten,*
- *darf nicht zu stark am Zahnschmelz „schmirgeln". Deshalb Hände weg von „Weißmacher-Zahncremes".*

Eine erbsengroße Menge Zahncreme reicht völlig für gründliches Putzen.

Wenn du eine feste Zahnspange trägst, ist gründliche Zahnpflege besonders wichtig. Sonst sind deine Zähne zum Schluss vielleicht schön gerade aber unter der Spange hat sich Karies gebildet!

Besser elektrisch?

Bist du ein Zahnputzmuffel? Dann ist eine elektrische Bürste vielleicht besser für dich. Sie macht automatisch die richtigen Putzbewegungen und vielen Kindern macht das Putzen damit einfach mehr Spaß.

Zahnseide: eine saubere Sache

Die Zahnzwischenräume kann man am besten mit Zahnseide reinigen, und zwar vor dem Zähneputzen. In anderen Ländern, zum Beispiel in Amerika, benutzt fast jeder Zahnseide.

Zahnreinigung zwischendurch

Wenn du etwas Süßes gegessen hast, ist es gut, hinterher einen zuckerfreien Kaugummi zu kauen. Dadurch bildet sich mehr Spucke in deinem Mund, die den Zucker wegspült. Außerdem rubbelt der Kaugummi deine Zähne ab wie ein Radiergummi.

Wuschelkopf und Schnittlauchlocken

Die Haare werden in der Haarwurzel in der Kopfhaut gebildet. Der Großteil des Haares besteht wie beim Fingernagel aus abgestorbenen, verhornten Zellen. Ein Haar wächst ungefähr einen Zentimeter im Monat und du hast rund hunderttausend Haare auf dem Kopf! Warum wir ausgerechnet auf dem Kopf so viele Haare haben, ist nicht ganz klar. Vermutlich dienen sie als Sonnenschutz für den Kopf und schützen damit auch das Gehirn vor Überhitzung.

Wenn der Kopf juckt,
kann es sein, dass du Läuse
hast. Das sind winzige Krabbel-
tierchen, die ihre Eier an deinen Haaren festkleben, und
leicht über Haarbürsten oder
Mützen von einem Kopf zum
anderen übertragen werden
können. Die Eier sind gelblich
weiß und ungefähr einen
Millimeter groß. Mit einem
Spezialshampoo aus der Apotheke
wird man Läuse wieder los.

Wenn der Kopf juckt, kann auch Hauttrockenheit oder
eine Allergie gegen das Shampoo der Grund sein.
Dann solltest du zunächst das Shampoo wechseln und
ein besonders mildes Babyshampoo verwenden.

Wie oft waschen?

*Es reicht, wenn du die Haare alle drei bis vier Tage mit
einem milden Shampoo für normales Haar wäschst.
Wenn du viel Sport machst oder in einer Großstadt
mit starker Luftverschmutzung wohnst, kannst du die
Haare auch jeden Tag waschen.*

Hallo Welt!

Ohne Sinne kein Kontakt

Warme Sonne auf der Haut. Der Geschmack von frischen Erdbeeren. Das Vogelzwitschern im Frühling. Das alles bekommst du nur mit, weil du Sinnesorgane hast. Wichtige Sinne sind Sehen, Hören, Riechen, Schmecken und Fühlen. Auch der Kontakt mit anderen Menschen läuft über die Sinne. Weil wir hören, können wir andere verstehen. Weil wir sehen, können wir die Gefühle anderer Menschen in ihrem Gesicht ablesen.

„Unser Baby riecht so gut. Und wie sich sein Köpfchen anfühlt – ganz weich."

JOHANNA, 10 Jahre

Ganz Ohr!

Dein Ohr besteht nicht nur aus der Ohrmuschel, die du von außen siehst. Das eigentliche Hören vollzieht sich innen im Kopf, im Mittel- und Innenohr.

Das geht ganz raffiniert: Töne werden von Schallwellen in der Luft übertragen. Diese Schallwellen werden von den Ohren aufgefangen, vom Trommelfell und von kleinen Knöchelchen im Mittelohr weitergeleitet und treffen schließlich in der so genannten Schnecke im Innenohr auf spezielle Nervenzellen, die den Schall in elektrische Signale umwandeln. Unser Gehirn kann diese Signale „lesen" und erkennt einen Ton.

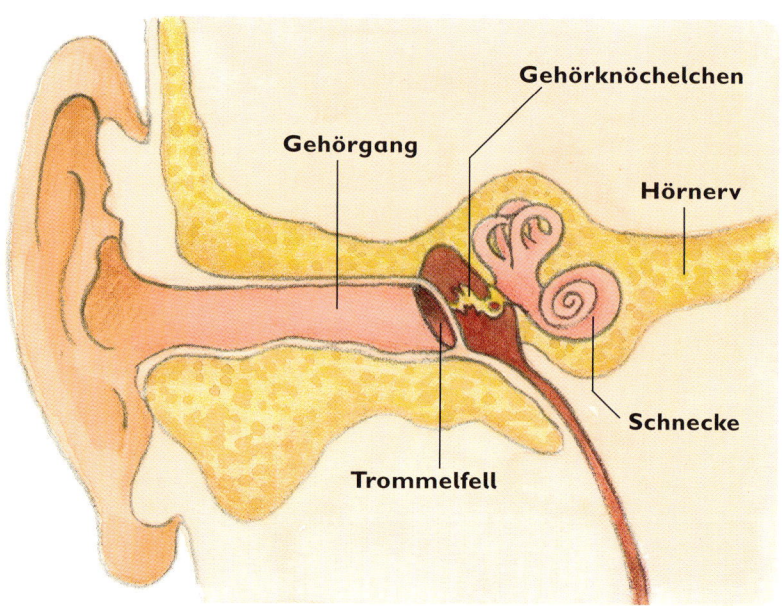

Schmutzige Ohren

sind unappetitlich. Zur Reinigung reicht es aber, wenn du die Ohren nach dem Haarewaschen mit einem Handtuchzipfel austupfst. Auf keinen Fall sollst du mit einem Wattestäbchen in der Tiefe stochern, dabei kannst du das Trommelfell verletzen. Wattestäbchen darfst du, wenn überhaupt, nur ganz vorsichtig und oberflächlich benutzen.

Volle Lautstärke – nein danke!

Die Nervenzellen im Innenohr sind superempfindlich. Wenn sie ständig von zu lauten Tönen gequält werden, gehen sie für immer kaputt. Wenn du zum Beispiel gern richtig laut Walkman hörst, kannst du nach einiger Zeit nicht mehr gut hören. Leider gibt es schon viele Jugendliche, die wegen zu lauter Musik schwerhörig sind!

Mal testen?

Willst du wissen, ob du gut hörst? Einen Hörtest am Telefon gibt es unter der Nummer 0 18 05 / 32 37 54.

„Als mein großer Bruder neulich die ganze Nacht in der Disko war, konnte er am nächsten Morgen beim Frühstück kaum etwas verstehen, wenn ich leise gesprochen habe."

STINE, 10 Jahre

Augen auf!

Die Augen sind dein Fenster zur Welt. Sie können Licht in elektrische Signale umwandeln, die vom Sehnerven an das Gehirn weitergeleitet werden. Dort entsteht dann das Bild, das wir sehen. So etwas Kompliziertes schafft kein Computer!

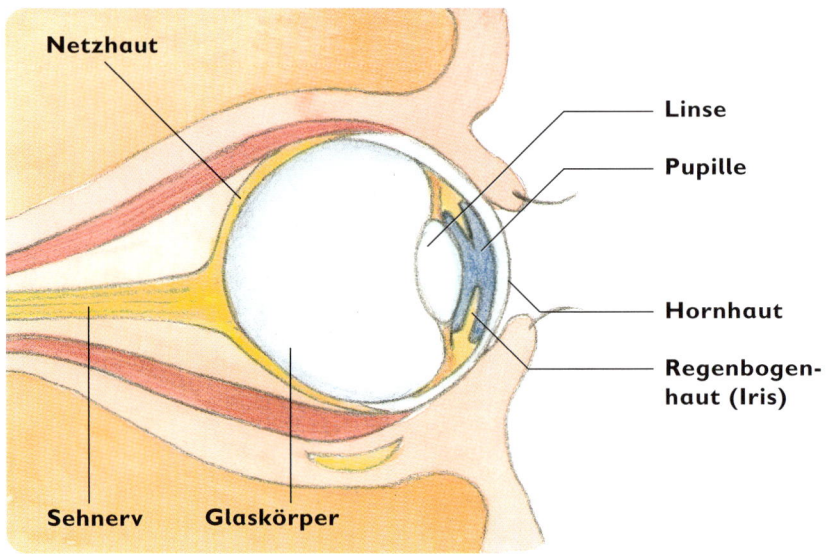

Viele Kinder und Jugendliche können nicht ganz scharf sehen. Das liegt daran, dass ihr Augapfel zu kurz oder zu lang geraten ist. Wer Dinge in der Ferne nur schwer erkennen kann, ist kurzsichtig. Weitsichtige können in der Nähe nicht scharf sehen. Oft merkt man es gar nicht, wenn man nicht gut sieht.

Siehst du gut?

Wenn du in der Schule die Schrift an der Tafel nicht lesen kannst, bist du kurzsichtig. Wenn du beim Lesen schnell müde wirst und Kopfschmerzen bekommst, bist du vielleicht weitsichtig.

Sehtest im Internet

Auf der Internetseite www.augen.de kannst du selber einen Sehtest machen. Vielleicht machen deine Eltern auch gleich mit. Das ersetzt natürlich nicht den Besuch beim Augenarzt!

„Mir hat Lesen nie Spaß gemacht, weil ich dann immer Kopfweh bekommen habe. Jetzt habe ich eine Brille und kann stundenlang lesen. Echt super!"

ULLA, 11 Jahre

Rote Augen?

Wenn deine Augen gerötet sind und brennen oder jucken, ist meist eine Bindehautentzündung schuld. Die kann entstehen, wenn die Augen von der Sonne oder dem Wind gereizt werden oder wenn du allergisch auf bestimmte Blüten in der Natur reagierst. Ursache kann aber auch eine ansteckende Entzündung sein, die mit speziellen Augentropfen behandelt werden muss.

Brille oder Kontakt-linsen?

Wenn du eine Brille brauchst, stört sie dich vielleicht beim Spielen oder beim Sport. Manche Mädchen finden sich mit Brille auch nicht hübsch. Dabei tragen sogar manche Models eine Brille, obwohl sie gar keine brauchen.

Einfach deshalb, weil es so viele tolle Modelle gibt, die ihren Typ super unterstreichen. Natürlich kannst du auch Kontaktlinsen tragen. Sie sind aber relativ teuer und müssen jeden Tag sorgfältig gepflegt werden. Da ist das Tragen einer leichten Brille mit Kunststoffgläsern viel bequemer.

Sonnenbrille: ja bitte!

Eine Sonnenbrille schützt deine Augen vor schädlichen Sonnenstrahlen (UV-Strahlen). Eine gute Sonnenbrille muss nicht teuer sein. Ob sie wirklich gut schützt, erkennst du an einem Aufkleber mit den Buchstaben CE.
Übrigens: Wie dunkel die Gläser sind, sagt nichts über den UV-Schutz aus. Dunkle Gläser sind nicht automatisch besser als leicht getönte.

Welcher Brillentyp bin ich?

So findest du die Brille, die zu dir passt:

Wenn du ein rundes Gesicht hast, stehen dir eckige, markante oder leicht schmetterlingsförmige Brillen.

Zu einem länglichen Gesicht passen runde und länglich ovale Brillen mit schmalem Rand.

Wenn du ein ovales Gesicht hast, kannst du alle Brillenformen tragen.

Bei einem dreieckigen Gesicht sind kleine, runde Brillen von Vorteil.

Süß oder sauer?

Manche Sachen schmecken dir, andere findest du vielleicht zu bitter. Wie etwas schmeckt, sagt dir dein Geschmackssinn. Kleine Sinneszellen auf der Zunge können süß, salzig, bitter und sauer unterscheiden.

Die Sinneszellen für die Empfindung „süß" liegen zum Beispiel ganz vorne an der Zungenspitze, „bitter" schmeckt man im hinteren Bereich der Zunge.

Gemein!
Ob etwas bitter schmeckt, kannst du nicht erkennen, wenn du nur vorsichtig mit der Zungenspitze daran leckst. Denn da vorne sitzt ja nur der „Fühler" für salzig und süß. Du merkst den bitteren Geschmack erst, wenn du das Essen schon fast geschluckt hast.

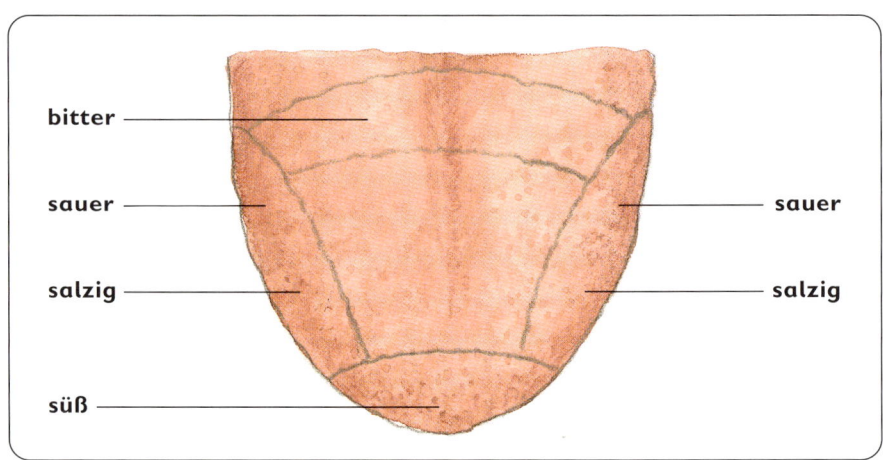

Schmecken und Riechen

Der Geschmack nach Pizza oder Popcorn setzt sich aber nicht nur aus vier Geschmacksrichtungen zusammen. Ganz genau erkennt man einen Geschmack nur, weil der Geruchssinn den Geschmackssinn unterstützt.

Die Sinneszellen für den Geruch liegen ganz oben in der Nase. Riechen und Schmecken sind aber nicht nur für den Genuss da. Sie warnen dich auch vor Sachen, die verdorben oder giftig sind. Wenn etwas eklig riecht oder schmeckt, solltest du es lieber nicht essen. Für die Steinzeitmenschen, die sich ihr Essen in der freien Natur suchen mussten, war dieses Warnsystem lebensrettend.

Wenn du Schnupfen hast, ist deine Nase zugeschwollen. Dann kann die Luft mit den verschiedenen Gerüchen nicht zu den Geruchszellen gelangen. Du kannst überhaupt nichts riechen. Und das Essen schmeckt auch nicht mehr richtig.

Sieht Laura im Dunkeln?

*Jennys Freundin Laura ist von Geburt an blind.
„Wahnsinn!", denkt Jenny manchmal, wenn sie sieht,
wie Laura ganz allein zur Schule geht. Mit einem
Stock tastet sie den Weg ab und weiß genau, wann sie
geradeaus gehen und wann sie abbiegen muss.
An der Straße drückt sie den Knopf an der Fußgängerampel und erkennt an einem Summton, wann es grün
wird.
Heute tut Laura ganz geheimnisvoll. „Jetzt kannst du
auch mal blind sein", sagt sie zu Jenny. „Im Museum
kann man ausprobieren, wie es ist, wenn man nichts
sieht."*

Als sie ins Museum kommen, kriegt Jenny einen Schock: Der Raum ist total dunkel! Ängstlich klammert sie sich an Laura. Sie bekommt einen Stock in die Hand gedrückt und soll damit ihren Weg finden. Panisch tastet sie den Boden ab. Hoffentlich ist da keine Stufe! Laura zeigt ihr, wie sie mit dem Stock den Weg erkennen kann. Dann kommen sie an ein Boot und steigen unter viel Gewackel und Gekreische ein. Hilfe! Das Boot schwankt, Jenny weiß im Dunkeln kaum noch, wo oben und unten ist. Nur Laura bleibt ganz cool.

Zum Schluss sollen die Mädchen den Ausgang finden, indem sie leisen Tönen folgen. Jenny ist völlig orientie- rungslos. Klar, sie hört schon etwas. Doch wo kommen die Töne her? Sie tappt eine Weile im Kreis herum und bekommt schon Angst, dass sie den Weg nach draußen nie finden wird. Ein Glück, dass Laura sie jetzt fest an die Hand nimmt. Laura hat Ohren wie ein Luchs. Für sie sind die Töne im Dunkeln klare Wegweiser. Jenny kann nur staunen: Wenn Blinde so gut hören können, ist das ja beinahe, als könnten sie im Dunkeln sehen.

Aktiv und fit

Bewegung ist toll!

Unsere Vorfahren, die Steinzeitmenschen, waren ständig auf den Beinen. Sie mussten Tiere jagen und Pflanzen sammeln, sonst wären sie verhungert. Du musst normalerweise nur in die Küche gehen, wenn du Hunger hast. Aber dein Körper ist immer noch so gebaut wie früher und braucht deshalb viel Bewegung. Je mehr du dich bewegst, desto stärker werden dein Herz und deine Muskeln. Auch die Knochen werden fester und deine Abwehr wird mit Krankheiten viel leichter fertig. Außerdem schläfst du besser. Du hast insgesamt viel mehr Energie, wenn du deinen Körper trainierst.

„Montags und donnerstags gehe ich reiten. Abends fühle ich mich dann immer so richtig glücklich."
SARAH, 9 Jahre

„In der Pause tobe ich am liebsten auf dem Schulhof herum. Danach kann ich viel besser still sitzen."
SASKIA, 8 Jahre

Tief durchatmen

Wenn du dich beim Sport richtig anstrengst, kommst du außer Puste. Warum eigentlich? Je mehr der Körper leistet, desto mehr Energie verbrauchen die Muskeln. Diese Energie stammt aus den Nährstoffen, die du zu dir nimmst. Und um diese Nährstoffe in Energie umzuwandeln, ist Sauerstoff erforderlich. Je mehr Sauerstoff der Körper durch das Luftholen bekommt, desto besser funktioniert die Verbrennung. Das ist wie bei einer brennenden Kerze: Wenn sie viel Luft – und damit Sauerstoff – bekommt, brennt sie ganz hell. Wenn du aber ein Glas über die Kerze stülpst, sodass sie keine frische Luft bekommt, geht sie nach kurzer Zeit aus.

So funktioniert die Atmung

Den Sauerstoff holt sich der Körper beim Einatmen aus
der Luft. Beim Luftholen dehnen sich die Lungen aus, weil
sich der Brustkorb weitet und weil sich das Zwerchfell,
die Grenze zwischen Brust- und Bauchraum, nach unten
bewegt. Dabei gibt es innen in der Lunge mehr Platz
und Luft von außen kann in die Lunge strömen. Beim
Ausatmen zieht sich der Brustkorb zusammen und
das Zwerchfell bewegt sich nach oben. Dadurch wird
die Luft nach außen gedrückt.
Wenn du viel Sport treibst, wird auch deine Atmung
trainiert. Du gerätst nicht mehr so leicht außer Atem
und dein Körper wird den ganzen Tag über viel besser
mit Sauerstoff versorgt. Deshalb fühlen sich sportliche
Mädchen wohler und sehen auch gesünder aus.

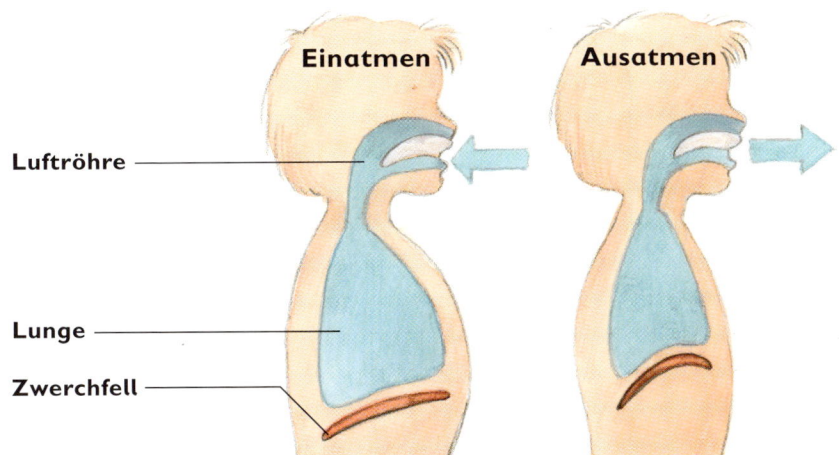

Pumpstation „Herz"

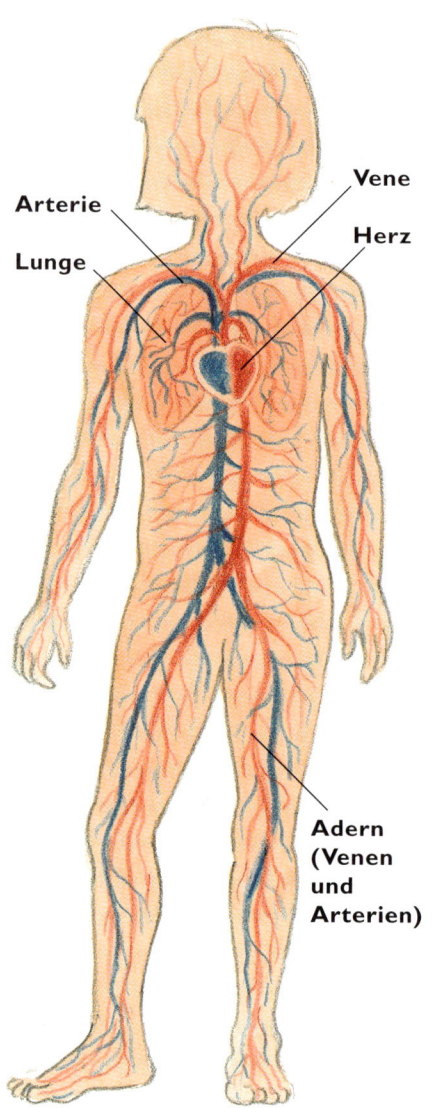

Vene

Arterie

Herz

Lunge

Adern
(Venen
und
Arterien)

Herz und Lunge arbeiten zusammen, um den Körper mit Sauerstoff zu versorgen. Denn das sauerstoffreiche Blut aus der Lunge fließt zunächst in das Herz und wird von dort in den ganzen Körper gepumpt.

Das Herz ist ein starker Muskel. Es zieht sich bei Kindern in deinem Alter etwa 90-mal pro Minute zusammen und transportiert so das Blut durch den Körper. Mit dem Blut gelangt nicht nur der Sauerstoff aus der Lunge in die Organe, sondern auch Nährstoffe, die der Körper aus dem Darm aufgenommen hat.

Der Blutkreislauf

Das Blut wird vom Herzen durch die Arterien zu den Organen gepumpt. Wenn es dann durch die Venen wieder zum Herzen zurückfließt, ist der Sauerstoff verbraucht. Stattdessen ist es jetzt mit einem „Abfallprodukt" beladen, das Kohlendioxid heißt. Das wird beim Ausatmen von der Lunge in die Luft abgegeben.

Jetzt aber Tempo!

Wenn du Sport machst, muss natürlich auch das Herz viel schneller schlagen, damit möglichst viel sauerstoffreiches Blut in die Muskeln fließt. Dann pocht dein Herz wie wild, manchmal doppelt so schnell wie sonst.

Praktisch, oder?

Für Pflanzen ist es gut, dass wir Menschen Kohlendioxid ausatmen. Sie brauchen es dringend zum Leben. Umgekehrt geben sie Sauerstoff als „Abfall" an die Luft ab. Gut für uns! Deshalb ist es so wichtig, dass es auch in der Stadt Bäume und andere Pflanzen gibt.

Stark und muskulös

Die Knochen sind sozusagen das Gerüst, an dem dein Körper aufgehängt ist. Die Wirbelsäule hält dich aufrecht. Damit du nicht steif wie ein Stock bist, sind überall zwischen den Knochen Gelenke eingebaut.
Und die Muskeln bewegen den Körper. Sie bestehen aus unzähligen dünnen Fasern, die sich zusammenziehen. Wenn ein Muskel sich zusammenzieht, bewegt er den Knochen, an dem er festgewachsen ist.

Je stärker deine Rücken- und Bauchmuskeln sind, umso besser können sie deine Wirbelsäule aufrecht halten. Wenn die Muskeln schlapp sind, bekommst du einen krummen Rücken und Rückenschmerzen. Wenn du jetzt aktiv etwas für deine Muskeln tust und viel Sport machst, bleibt dein Rücken ein Leben lang stark und du wirst gelenkig und kräftig.

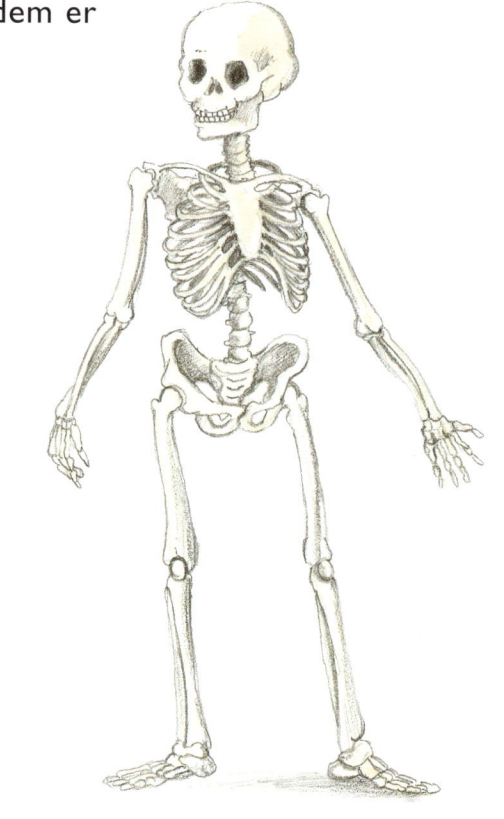

Sitz still!

Das kriegst du vielleicht öfter mal zu hören. Inzwischen weiß man aber, dass das Stillsitzen für die Haltung und den Rücken gar nicht so gut ist. Denn dabei verkrampfen sich die Rückenmuskeln. Also häng ruhig mal auf der Stuhlkante, steh zwischendurch auf (natürlich nicht mitten im Unterricht) oder lies im Schneidersitz.

Was deine Haltung verrät

Wenn du Ärger mit deinen Eltern hattest, schleichst du mit hängenden Schultern und eingezogenem Kopf durch die Gegend. Aber wenn du eine Eins im Diktat nach Hause bringst, ist dein Körper straff und aufrecht. Haltung und Stimmung hängen zusammen. Das funktioniert auch umgekehrt: Wenn du vor etwas Angst hast und dich am liebsten ganz klein machen möchtest, solltest du besser bewusst gerade und aufrecht gehen. Dann fühlst du dich gleich mutiger.

Aktiv sein geht immer

Die meisten Mädchen haben weder Zeit noch Lust, jeden Tag auf den Sportplatz, zum Joggen oder ins Schwimmbad zu gehen. Das ist auch gar nicht nötig. Hauptsache, du bewegst dich im Alltag viel. Das heißt: Im Kaufhaus nicht die Rolltreppe nehmen, sondern die Treppen hochsprinten. Im Sommer nicht mit dem Bus, sondern mit dem Fahrrad in die Schule fahren (natürlich nur, wenn dein Schulweg nicht zu gefährlich ist). Zum Bäcker oder zum Briefkasten einen Sprint einlegen, statt gemütlich zu zockeln. Und wenn dein Lieblingslied im Radio kommt, kannst du ruhig mal spontan lostanzen, statt nur auf dem Sofa zu lümmeln.

„Eigentlich fährt Mama mich überall mit dem Auto hin, auch wenn es nicht so weit ist."

LAURA, 8 Jahre

TEST: Welcher Fitness-Typ bist du?

Ist Musik dein Leben?
Dann ist vielleicht Ballett oder
Jazztanz das Richtige für dich.

Bist du gern in einer Gruppe?
Vielleicht wäre ein Mannschaftssport wie
Handball, Volleyball oder Hockey etwas für
dich.

Bist du gern draußen?
Wie wär's dann mit Joggen,
Leichtathletik oder Reiten?

Liebst du Zweikämpfe?
Beim Tennis, Judo oder Squash kannst
du es deinem Gegner auf faire Weise
zeigen.

Bist du eine Wasserratte?
Warum nicht ein richtiges
Schwimmtraining anfangen?

Richtig sporteln!

Bist du nach dem Sport völlig kaputt und kannst am nächsten Tag vor Muskelkater kaum laufen? Das bringt nichts! Fang lieber langsam an und steigere deine Leistung allmählich. Vor dem Sport solltest du dich mit leichten Lockerungs- und Dehnungsübungen warm machen, dann bekommst du nicht so schnell einen Muskelkater.

Schau dir mal eine Katze an, wenn sie aufwacht. Bevor sie losläuft, reckt und streckt sie sich erst einmal ausgiebig. Das tut auch dir gut!

Hilfe, aufhören!

Wenn du beim Sport übertreibst, gibt dir dein Körper Bescheid. Nimm seine Signale ernst! Mach eine Pause, wenn du Durst hast, wenn dir schlecht oder schwindlig ist oder dir gar schwarz vor Augen wird. Außerdem darf dir beim Sport nichts wehtun. Anstrengung: ja, totale Erschöpfung und Schmerzen: nein!

Stretching zum Aufwärmen

Übung 1:
Stell dich aufrecht hin. Nun zieh einen Fuß zum Po, das andere Bein bleibt ganz gerade. Wenn du wackelst, kannst du dich mit der freien Hand irgendwo festhalten. Bis 30 zählen, dann die Seite wechseln.

Übung 2:
Stütz dich mit den Händen an eine Wand. Ein Bein beugen, das andere so weit nach hinten setzen, dass es in der Wade zieht. Bis 30 zählen, dann die Seite wechseln.

Übung 3:
Gerade hinsetzen, ein Bein ausstrecken, das andere darüber kreuzen und den Fuß aufstellen. Den Oberkörper zur Seite drehen und das Knie mit dem Ellenbogen sanft wegdrücken. Bis 20 zählen, dann die Seite wechseln.

Tipps rund um den Sport

Reichlich trinken

Wenn du Sport machst, verlierst du beim Schwitzen Flüssigkeit. Deshalb solltest du reichlich trinken. Und zwar schon vor dem Sport, nicht erst, wenn du Durst bekommst. Gut ist Apfelschorle, das löscht den Durst und der Zucker im Apfelsaft gibt gleichzeitig Energie.

Umgeknickt?

Wenn du dir beim Rennen den Knöchel verstaucht hast, wird er dick und du musst ihn so schnell wie möglich kühlen. Zum Beispiel mit einem nassen Handtuch oder mit Eis. Du kannst auch eine Packung Tiefkühlgemüse nehmen. Allerdings darfst du Eis und Tiefkühlsachen nie direkt auf die Haut legen, sondern musst sie in ein Tuch wickeln.

Nie „oben ohne"

Dein Kopf ist das Wichtigste an dir.
Grund genug, ihn beim Skaten
und Radfahren mit einem Helm
zu schützen!
Beim Skaten solltest du außerdem
einen Schutz für Knie, Handgelenke
und Ellenbogen tragen.

Keine Panik, wenn's blutet

Beim Sport solltest du immer Pflaster dabeihaben.
Kleine Wunden oder Blasen sind dann kein Problem.
Wenn du stärker blutest, musst du mehrere Minuten
lang auf die Wunde drücken, damit es aufhört.
Danach kannst du ein Pflaster aufkleben. Wenn es
weiterblutet, drückst du mit einem Taschentuch
oder notfalls auch nur mit der Hand weiter auf die
Wunde, bis du zu Hause oder beim Arzt bist.

Unbedingt merken: Notruf 110 oder 112

Wenn du oder deine Freundin sich unterwegs richtig
schlimm verletzen, wähl die Notrufnummer. Die
kannst du sogar anrufen, wenn du kein Guthaben
auf deinem Handy hast.

Essen
macht Spaß!

Lecker und gesund

Magst du auch so gern Spagetti mit Tomatensoße?
Oder Schokoladeneis? Essen ist wirklich ein Genuss.
Lass es dir schmecken!

Gerade jetzt, wo du so stark wächst,
ist gesundes Essen besonders wichtig
für dich. Dabei solltest du aber nicht
immerzu das Gleiche essen. Denn
du brauchst viele verschiedene
Nährstoffe, damit du aktiv und
gesund bleibst. Das heißt nicht,
dass du nicht naschen oder
dir keinen Hamburger gönnen
darfst. Das ist kein Problem,
wenn du jeden Tag auch Obst
und Gemüse, Müsli und Voll-
kornbrot isst.

Energie tanken

Du hast sicher schon gehört, dass Essen Kalorien hat. Das ist eine Maßeinheit für die Energie, die in den Nahrungsmitteln steckt. Diese Energie brauchst du zum Wachsen, Lernen und Aktivsein. Wenn du ein Butterbrot isst und ein Glas Milch dazu trinkst, nimmt dein Körper Kalorien in Form von Fett (in der Butter), Kohlenhydraten (im Brot) und Eiweiß (in der Milch) auf.

Was passiert mit dem Essen?

Die Nahrungsmittel werden beim Kauen im Mund zerkleinert und mit Speichel vermischt. Dann rutscht das Essen von der Speiseröhre in den Magen. Von dort gelangt es in den Dünndarm und danach in den Dickdarm. Auf dem Weg durch die Verdauungsorgane kommen aus dem Magen, der Leber, der Bauchspeicheldrüse und dem Darm Verdauungssäfte dazu, die die Nährstoffe im Essen

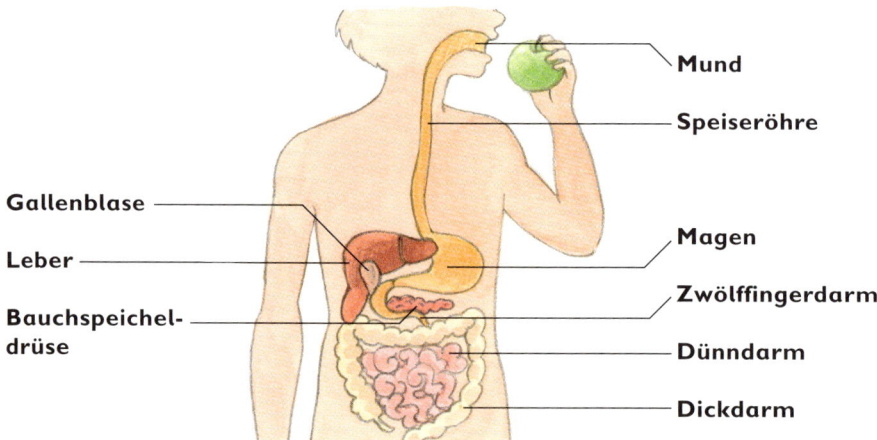

Mund
Speiseröhre
Gallenblase
Leber
Bauchspeicheldrüse
Magen
Zwölffingerdarm
Dünndarm
Dickdarm

Kaum zu glauben
Hättest du gedacht, dass dein Darm insgesamt mehrere Meter lang ist? Er passt nur in den Bauch, weil er platzsparend zusammengefaltet ist.

in winzig kleine Bruchstücke zerlegen. Sonst könnte der Körper die Nahrung überhaupt nicht verwerten. Die Nahrungsbestandteile sind nun so klein, dass sie durch die Darmwand hindurch ins Blut gelangen können. Mit dem Blut werden sie in alle Organe transportiert. Dort werden sie für verschiedene Aufgaben des Körpers gebraucht. Fette bilden einen Energiespeicher, Eiweiß braucht der Körper zum Wachsen und Kohlenhydrate liefern rasche Energie für körperliche und geistige Betätigung und zur Erhaltung der Körpertemperatur.

Trinkst du genug?

Viele Mädchen trinken zu wenig. Gewöhn dir an, zu jeder Mahlzeit ein Glas Wasser oder Saft zu trinken. Morgens und abends solltest du außerdem ein großes Glas fettarme Milch trinken. Darin ist viel Kalzium enthalten. Das ist ein Mineralstoff, den deine Knochen ganz dringend zum Wachsen brauchen. Wenn du aber ständig Durst hast und oft zur Toilette musst, kann das ein Hinweis auf Diabetes (Zuckerkrankheit) sein. Geh dann zum Arzt, um sicherzustellen, dass du nicht an dieser Krankheit leidest.

Was dein Körper braucht

Dein Körper braucht Kohlenhydrate (aus Nudeln, Brot, Müsli), Fett (aus Butter, Öl, Nüssen), Eiweiß (aus Milch, Fisch oder Fleisch) und Wasser. Außerdem sind Vitamine und Mineralstoffe wie Kalzium oder Eisen wichtig.

Lust zu naschen?

Klar kannst du zwischendurch mal Gummibärchen, Schokolade oder Chips essen. Aber nicht immer. Wenn du Lust auf Knabbereien bekommst, versuch's doch mal mit einer Möhre, einem aufgeschnittenen Apfel, einem Jogurt oder Popcorn.

Wichtig: Eisen

Eisen brauchst du, damit dein Blut den Sauerstoff in den ganzen Körper transportieren kann. Wenn du zu wenig Eisen im Körper hast, fühlst du dich schlapp und müde. Besonders viel Eisen ist in Fleisch enthalten.

Das Vitamin-ABC

Vitamine sind lebensnotwendig. Deshalb solltest du Nahrungsmittel essen, die viele Vitamine enthalten.

Vitamin A: *Brauchst du unter anderem für eine schöne Haut und gute Augen. Wenn du jeden Tag rotes oder gelbes Gemüse und Obst wie Paprika, Karotten, Mangos, Aprikosen oder Nektarinen isst, nimmst du genügend Vitamin A zu dir.*

Vitamin B: *Wichtig, damit du fit bleibst und auch bei Stress die Nerven behältst. Fleisch, Fisch, Nüsse und Vollkornprodukte enthalten viele B-Vitamine.*

Vitamin C: *Schützt deinen Körper vor Infektionskrankheiten und macht starke Knochen, Zähne und Muskeln. Kartoffeln, Kiwis, Orangen und Paprika enthalten viel Vitamin C.*

Vitamin D: *Brauchst du für feste Knochen und Zähne. Seefisch und Milch enthalten viel Vitamin D.*

Vitamin E: *Schützt den Körper vor schädlichen Stoffen aus der Umwelt. Besonders reich an Vitamin E sind Nüsse, Avocados, Fenchel, Grünkohl und Weizenkeimöl.*

Zu dick? Zu dünn?

Viele Kinder sind schon in der Grundschule zu dick. Meistens kommt das daher, dass sie zu viel und zu fett essen und sich zu wenig bewegen. Oft kann man das Fett im Essen gar nicht sehen. Fette sind zum Beispiel in Fastfood, in Fertiggerichten, in Süßigkeiten und in Wurst versteckt. Wenn du zu dick bist, solltest du viel Obst und Gemüse essen und nur fettarme Milch und Milchprodukte verzehren. Auch in Getränken wie Limo und Cola verstecken sich jede Menge Kalorien. Wasser und Saftschorle sind bessere Durstlöscher.

Hör auf dein Sättigungsgefühl

Iss nicht aus Langeweile oder Frust, sondern nur, wenn du wirklich Hunger hast. Und nimm dir beim Essen zunächst eine kleine Portion und lieber etwas nach, wenn du noch Hunger hast.

„Meine Freundin muss zu Hause immer ihren Teller leer essen, dabei ist sie schon ziemlich dick."
STEFFI, 11 Jahre

Siehst du dich richtig?

Natürlich ist es nicht gut, wenn man zu dick ist – aber man kann auch zu dünn sein. Dann wird man leichter krank und fühlt sich ständig müde. Besonders schlimm wird es, wenn ein Mädchen ganz schlank ist, sich aber trotzdem zu dick fühlt. Manche fangen dann an zu hungern und können nicht wieder damit aufhören.
Das nennt man Magersucht (Anorexie). Diese Krankheit ist lebensgefährlich.

Schlank oder krank

Wer ständig hungert, um abzunehmen oder nach dem Essen den Finger in den Hals steckt, um das Essen wieder loszuwerden, ist nicht cool, sondern krank. Wenn du merkst, dass eine Freundin vom Abnehmen besessen ist, sprich darüber mit einem Erwachsenen, dem du vertraust. Im Anhang findest du auch Adressen, wo man bei Essstörungen Hilfe findet.

Ruhe und Entspannung

Ständig unter Strom?

Wahnsinn, was du manchmal für ein Programm hast. Die
Schule, Sport, Freunde treffen, draußen spielen, zur Geigen-
stunde rasen, deine Lieblingsserie im Fernsehen nicht
verpassen ...
Die ganze Zeit laufen Körper und Seele auf Hochtouren.
Das hält kein Mensch aus! Denn das ist Stress pur! Du
brauchst zwischendurch Erholung, damit du wieder zu
dir selbst kommst und dein Körper neue Kraft schöpft.

Warum ist Stress schädlich?

Bei Stress werden im Körper Stresshormone gebildet.
Sie lassen das Herz schneller schlagen und treiben
den Blutdruck in die Höhe. Auf Dauer schädigt das die
Organe — so, wie ein Motor auch
kaputtgeht, wenn er ständig
mit Vollgas läuft.

„Manchmal werde
ich ganz hippelig,
wenn ich am Nach-
mittag ständig wo-
anders hin muss."
SOPHIE, 9 Jahre

Cool down – abschalten lernen

Wenn dir alles zu viel wird und du im Stress bist, hilft nur eins: zwischendurch abschalten! Gönn dir dann etwas Gutes – nimm ein heißes Bad! Oder zieh dich in dein Zimmer zurück und hör Musik. Denk an etwas Schönes – vielleicht an die Ferien. Oder geh hinaus in die Natur. Danach fühlst du dich bestimmt wie neu geboren.

Tierisch gut

Es tut gut, sich in aller Ruhe mit einem Tier zu beschäftigen – die Katze streicheln, mit dem Hund spazieren gehen, den Hamster in der Hand halten. Wenn du kein Haustier hast, gibt es vielleicht ein Tierheim in deiner Nähe. Die Hunde dort freuen sich, wenn jemand kommt und mit ihnen spazieren geht.

Spaß zu zweit

Auch mit deiner Freundin kannst du super relaxen. Macht doch mal ein Entspannungsspiel: Setzt euch gegenüber auf den Boden und fasst euch an den Händen. Dann steht gemeinsam auf und zieht euch dabei gegenseitig hoch. Macht das Spiel ein paarmal hintereinander.

Und jetzt noch etwas für Fortgeschrittene: Setzt euch Rücken an Rücken auf den Boden. Jetzt steht ihr gleichzeitig ohne Hilfe der Hände auf und stützt euch dabei gegenseitig mit dem Rücken ab.

Einen kühlen Kopf behalten

Musst du noch Hausaufgaben machen, obwohl du ziemlich abgeschlafft bist? Probier mal folgenden Trick, um wieder fit zu werden: Mach deinen Zeigefinger nass und streich damit über deine Stirn. Dann machst du die Augen zu und konzentrierst dich kurz auf das kühle Gefühl auf deiner Stirn, bevor du mit den Hausaufgaben beginnst.

Entspannungsübungen

Es regnet ...

Mit dieser Übung bekommst du wieder
einen klaren Kopf, wenn du dich un-
konzentriert und lustlos fühlst: Setz
dich ganz locker auf einen Stuhl. Trommle
nun sachte mit den Fingern auf deinen
Kopf – so, als würden dich dicke Regen-
tropfen treffen. Wandere mit den Fingern
bis in den Nacken, über die Stirn,
die Ohren – rundherum über
den ganzen Kopf. Spürst du,
wie erfrischend das ist?

Alles abschütteln

Hast du dich heute richtig geärgert
oder bist wütend auf jemanden?
Dann kannst du Ärger und Wut
mit dieser Übung aus deinem
Körper schütteln: Stell dich locker
hin. Schüttle erst das linke, dann das
rechte Bein kräftig aus. Dann kommen

die Arme dran. Stell dir vor, dass dein Ärger in den Armen sitzt und dass du ihn jetzt aus deinem Körper schüttelst. Zum Schluss lässt du Oberkörper und Kopf ganz locker nach unten hängen. Zähl bis zwanzig und richte dich langsam wieder auf.

Gedanken festhalten

Geht dir immer viel durch den Kopf? Vielleicht ist dann ein Tagebuch das Richtige für dich. Wenn du Tagebuch schreibst, kannst du ganz für dich sein und deine Gedanken sammeln.

Sonne von innen

Wenn du im Stress bist, gibt diese Übung dir innere Ruhe: Leg dich entspannt auf einer Decke oder einem Teppich auf den Rücken und mach die Augen zu. Lass Arme und Beine ganz locker. Fühl mal, wie schwer sie auf dem Boden liegen. Dann leg beide Hände locker auf deinen Bauch. Spür, wie sich dein Bauch beim Atmen hebt und senkt. Und jetzt stell dir vor, dass in deinem Bauch, unter deinen Händen, eine große, runde, gelbe, warme Sonne scheint. Merkst du, wie dein ganzer Körper warm wird?

Mal traurig, mal froh

Kein Mensch ist ständig gut drauf. An manchen Tagen stehst du schon mit schlechter Laune auf und weißt nicht mal, warum. Manchmal hat man auch allen Grund traurig zu sein. Zum Beispiel, wenn die beste Freundin in eine andere Stadt zieht, wenn die Eltern sich scheiden lassen oder wenn jemand in der Familie krank ist oder sogar stirbt.

Gefühle zeigen

Wenn du traurig bist, musst du deine Gefühle nicht verstecken. Weinen tut gut! Und es ist eine große Erleichterung, wenn du mit anderen über deinen Kummer reden kannst. Oft haben Freunde oder die Eltern auch gute Ideen, wie man ein Problem lösen kann.

„Als meine Oma gestorben ist, hat mir ein paar Wochen lang nichts mehr richtig Spaß gemacht. Ich hatte nicht mal Lust, ins Kino oder zum Reiten zu gehen."

MARA, 10 Jahre

Achtung „Blitzableiter"

Manche Menschen können schlecht
zeigen, dass sie traurig sind. Sie sind
dann aggressiv oder haben schein-
bar nur schlechte Laune. Lass
Kummer und Wut nicht an anderen Menschen aus. Wenn du einen
„Blitzableiter" für deine schlechte
Stimmung brauchst, box lieber in
dein Kissen oder in deine Matratze,
bis du nicht mehr kannst.

Allein mit deinen Sorgen?

*Kannst du abends nicht einschlafen, weil du Sorgen
hast? Vielleicht, weil deine Eltern sich oft streiten?
Oder malst du dir in deiner Fantasie schreckliche
Bilder aus, zum Beispiel dass deine Eltern einen
Unfall haben und nie mehr zu dir zurückkommen?
Manche Sorgen sind begründet, manche nicht. Auf
jeden Fall hilft es, mit jemandem darüber zu reden.
Wenn du dich niemandem anvertrauen willst, den
du kennst, kannst du beim Sorgentelefon für Kinder
anrufen. Dort kannst du mit Erwachsenen sprechen,
die dir helfen können, deine Probleme zu lösen.
Telefonnummern findest du im Anhang.*

Gut schlafen

Abends ist deine Energie verbraucht, die „Batterie ist leer". Im Schlaf wird sie wieder aufgeladen. Dabei wird dein Gehirn im Schlaf nicht einfach abgeschaltet. Es verarbeitet alles, was du tagsüber erlebt hast. Dadurch kannst du auch Dinge, die du gelernt hast, besser behalten. In der Nacht erholt sich der Körper, weil alle Organe auf Sparflamme arbeiten. So schlägt zum Beispiel das Herz langsamer und die Muskeln sind ganz entspannt.

Zu wenig Schlaf ist schlecht für die Abwehrkräfte. Wer übermüdet ist, bekommt viel leichter eine Erkältung. Und auch für dein Wachstum ist ausreichend Schlaf wichtig. Denn im Schlaf werden besonders viele Wachstumshormone gebildet.

Wie viel Schlaf brauche ich?

Die meisten Kinder in deinem Alter brauchen neun bis zehn Stunden Schlaf pro Nacht. Einige mehr, einige weniger. Wenn du um halb sieben aufstehen musst, solltest du spätestens um halb zehn schlafen. Aber schon eine Stunde vor der eigentlichen Schlafenszeit solltest du allmählich zur Ruhe kommen. Zieh dir ruhig schon einen bequemen Schlafanzug an, trink eine Tasse Kakao oder heiße Milch mit Honig und mach's dir im Bett mit einem Buch gemütlich. Unmittelbar vor dem Schlafengehen solltest du nicht fernsehen, sonst kannst du nicht gut einschlafen.

Ab vier Uhr nachmittags solltest du keine Cola mehr trinken. Sie enthält Koffein, das dich abends länger wach hält.

Da war doch was!?

„Geh doch endlich ins Bett, Lissi!" Mama ist genervt. Jeden Abend dasselbe Theater! Dabei ist Lissi ganz schön müde. Aber sie hat immer solche Angst in ihrem Bett. Denn sobald Mama „Gute Nacht" gesagt hat und das Licht aus ist, wird es richtig gruselig in Lissis kleinem Zimmer. Der Vorhang am Fenster bläht sich, als ob sich jemand dahinter verstecken würde.

Unheimliche Schatten wandern über die Wände, als wären Geister unterwegs. Oft kommt es Lissi so vor, als ob jemand im Zimmer leise atmen würde. Und die Nacht ist so schwarz! Es ist, als wäre man lebendig begraben.

Lissi starrt Löcher in die Dunkelheit und spürt genau, dass unter ihrem Bett irgendetwas ist. Vielleicht liegt dort ein Einbrecher oder ein grauenhaftes Gespenst und wartet nur darauf, dass sie einschläft und sich nicht wehren kann. Lissi lauscht angestrengt, aber sie

hört nur, wie ihr Herz klopft. Bestimmt hält das Wesen unter dem Bett die Luft an, um sich nicht zu verraten. Lissis Hände sind schweißnass, ihre Brust fühlt sich an, als ob ein großer Stein darauf liegen würde. Einfach aufstehen, Licht anmachen und nachgucken? Unmöglich! Vielleicht packt sie dann eine eiskalte Hand am Knöchel und zerrt sie unters Bett. Da, unterm Bett scharrt doch was! Lissi schreit los. Mama kommt angestürzt und macht Licht. „Was ist denn jetzt wieder los? Und wieso ist der Hamsterkäfig schon wieder auf?" Lissi würde am liebsten heulen vor Erleichterung. „Krümel! Wo kommst du denn her?" Das Scharren unter dem Bett war nur der Hamster. Für heute ist Lissi beruhigt. Endlich kann sie einschlafen. Aber ihre Mutter weiß, dass Lissi auch morgen wieder Angst im Dunkeln haben wird. Dann ist es vielleicht der Bademantel am Kleiderhaken, der plötzlich wie ein Mann aussieht. Oder der Wind, der um das Haus heult wie ein Gespenst.

Angst im Dunkeln?

Tagsüber hat dein Zimmer gar nichts Bedrohliches an sich. Aber wehe, das Licht ist aus! War da nicht ein komisches Geräusch unter dem Bett? Und da, der Schatten an der Wand – steht da etwa jemand neben dem Schrank? Viele Kinder in deinem Alter haben Angst im Dunkeln. Das ist eine Phase, die von selbst vorbei geht. Sprich mit deinen Eltern darüber und lass einfach über Nacht ein kleines Licht brennen.

Schlafprobleme

Zähneknirschen

Wer sich auch im Schlaf nicht richtig entspannen kann, knirscht leicht mit den Zähnen. Du merkst es nicht, dass du nachts die Zähne mit Gewalt aufeinander presst. Aber vielleicht hast du tagsüber Schmerzen im Kiefer oder Kopfschmerzen. Meistens merken nur andere, die im gleichen Zimmer schlafen, dass du mit den Zähnen knirschst. Mit der Zeit können die Zähne davon kaputtgehen. Beim Zahnarzt gibt es eine dünne Kunststoffschiene, die man nachts als Schutz auf die Zähne setzen kann.

Bist du ein Nachtgespenst?

Manche Kinder stehen nachts auf, obwohl sie gar nicht wach sind, und geistern durch die Wohnung. Das nennt man Schlafwandeln. Man kann es nicht verhindern. Wenn du öfter schlafwandelst, ist es wichtig, dass dein Zimmer sicher ist. Es darf kein Fenster offen stehen und die Treppe sollte möglichst mit einem Gitter gesichert werden, damit du im Schlaf nicht stürzt.

Horror in der Nacht

Es gibt schreckliche Träume, so genannte Albträume, die dir Angst machen. Oft ist einem nach dem Aufwachen gar nicht gleich klar, dass man nur geträumt hat. Jeder Mensch hat gelegentlich Albträume. Du solltest dich ablenken, um sie möglichst schnell zu vergessen. Wenn du aber jede Nacht schlecht träumst, vielleicht sogar immer denselben Albtraum hast, sprich mit deinen Eltern. Vielleicht hast du ein Problem, das Nacht für Nacht deinen Schlaf stört.

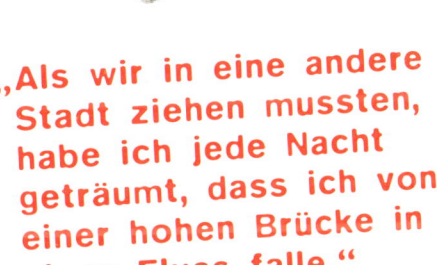

„Als wir in eine andere Stadt ziehen mussten, habe ich jede Nacht geträumt, dass ich von einer hohen Brücke in einen Fluss falle."
KIRA, 11 Jahre

Wenn morgens das Bett nass ist

Es ist dir furchtbar peinlich: Manchmal, vielleicht auch jede Nacht, machst du ins Bett, ohne es zu merken. Das ist kein Grund, sich zu schämen. In deiner Schule gibt es noch mehr Kinder, denen es so geht. Es spricht nur niemand darüber. Wenn dein Bett morgens häufiger nass ist, solltest du mit deinen Eltern zum Kinderarzt gehen. Es gibt Möglichkeiten, das Bettnässen zu behandeln.

Bald geht es los

Wie ist das mit der Pubertät?

Fühlst du dich noch ganz als Kind? Oder merkst du, dass dein Körper sich verändert und langsam weiblichere Formen bekommt? Manchmal wunderst du dich vielleicht auch über dich selbst, weil du an einem Tag richtig gut drauf bist und am nächsten total bedrückt. Das sind die ersten Vorboten der Pubertät.

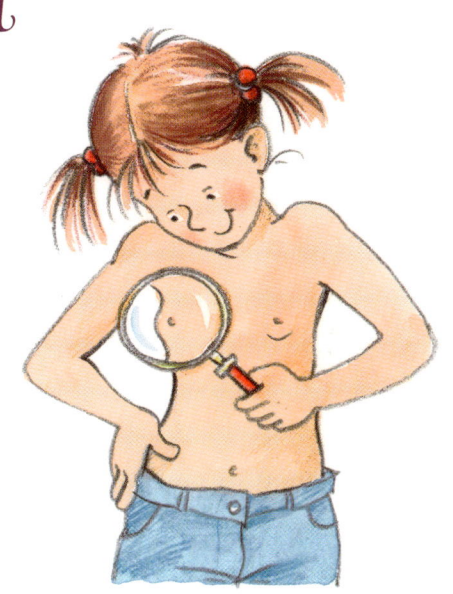

Nicht mehr klein, noch nicht groß

Viele Mädchen sehen diese Veränderungen mit gemischten Gefühlen. Einerseits finden sie es spannend, wie Körper und Seele sich entwickeln, und sie möchten gern zu den „Großen" gehören. Andererseits wissen sie nicht so genau, was da auf sie zukommt. Und alles, was man nicht kennt, macht immer auch ein bisschen Angst und bringt Unsicherheit.

„Abends vor dem Einschlafen muss ich immer an so traurige Sachen denken. Dass ich auch mal sterbe, zum Beispiel. Ich weiß gar nicht, woher das kommt."

MARIE, 10 Jahre

Wie sich der Körper verändert

Als Erstes beginnen sich bei Mädchen die Brüste zu entwickeln, manchmal schon mit acht Jahren. Bei den meisten geht es mit zehn oder elf Jahren los. Auch ein gewaltiger Wachstumsschub ist typisch für den Beginn der Pubertät. Beine, Bauch und Po sind nun nicht mehr so dünn wie bei den Jungs. Und in der Schamgegend zwischen den Beinen wachsen nach und nach Haare. Nach einiger Zeit bekommst du auch Haare unter den Armen und viele Mädchen bekommen Probleme mit Pickeln und fettigen Haaren.

Ursache der körperlichen Veränderungen ist die Bildung von Geschlechtshormonen. Erinnerst du dich? Hormone sind die „Briefe", die Nachrichten für die verschiedenen Organe überbringen. Wenn du eine bestimmte Größe und ein bestimmtes Gewicht erreicht hast, gibt das Gehirn das Signal, dass ab sofort Geschlechtshormone gebildet werden sollen – und los geht es mit der Pubertät.

Auch innen tut sich einiges

Auch deine inneren Geschlechtsorgane wachsen und entwickeln sich. Manchmal siehst du jetzt gelblich weiße Flecken in deiner Unterhose. Das ist der so genannte Weißfluss, der unter dem Einfluss der Hormone gebildet wird. Nun dauert es meist noch ungefähr ein Jahr, bis du das erste Mal deine Regelblutung (Menstruation) bekommst. Sie ist das Zeichen dafür, dass in deinen Eierstöcken Eizellen reif werden. Die Schleimhaut in der Gebärmutter bildet dann jeden Monat ein „Nest", in dem eine befruchtete Eizelle zu einem Baby heranwachsen könnte. Wenn die Eizelle nicht befruchtet wird, wird dieses Schleimhautnest abgestoßen. Das ist die Regelblutung.

„Als ich die erste Regel bekommen habe, war ich wahnsinnig stolz. Ich habe es sofort meiner Mutter erzählt."

SINA, 12 Jahre

So sieht der Körper eines Mädchens aus

Wenn du einen Spiegel nimmst, kannst du deine äußeren Geschlechtsorgane anschauen. Du siehst zwei Hautfalten, das sind die großen Schamlippen. Wenn du sie ein bisschen auseinander hältst, siehst du darunter zwei kleinere Falten, die kleinen Schamlippen. Wenn du genau hinschaust, erkennst du drei Öffnungen: die Harnröhrenöffnung, durch die der Urin fließt. Direkt darüber ist ein kleiner Knubbel, der so genannte Kitzler (Klitoris). Die Klitoris enthält sehr viele Nerven und Sinneszellen und ist wichtig für die schönen, lustvollen Gefühle beim Sex.

In der Mitte liegt die Scheide, die die Verbindung zu deinen inneren Geschlechtsorganen darstellt. Und ganz hinten liegt der After – hier wird der Stuhlgang ausgeschieden.

Innen geht's weiter

Tief unten in deinem Bauch liegen die Gebärmutter, die beiden Eierstöcke, die Eileiter und die Scheide. In den Eierstöcken hast du schon seit deiner Geburt einen Riesenvorrat an Eizellen. Mit Beginn der Pubertät reift jeden Monat eine Eizelle heran. Beim Eisprung wird sie

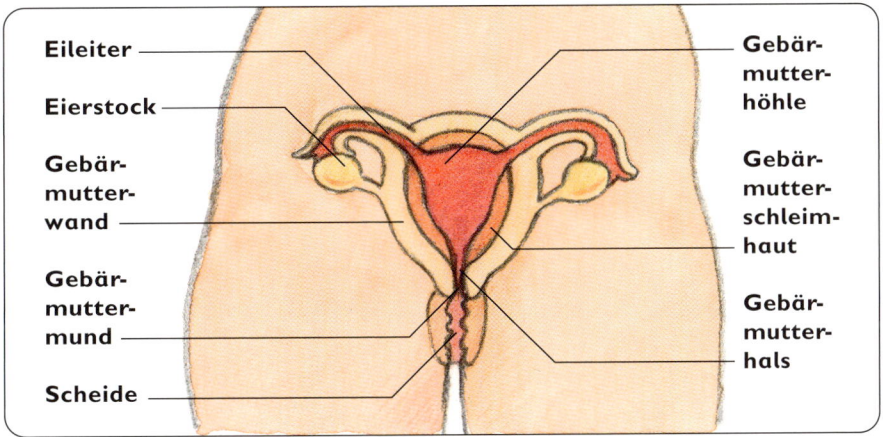

aus dem Eierstock geschleudert und wandert durch den Eileiter in Richtung Gebärmutter. Dabei kann sie von einer männlichen Samenzelle befruchtet werden. Wenn ein Junge und ein Mädchen ohne Verhütung miteinander schlafen, gelangen die Samenzellen aus dem Penis in die Scheide des Mädchens. Von dort wandern sie durch die Gebärmutter in den Eileiter, wo sie auf die Eizelle treffen. Aus der befruchteten Eizelle entsteht zunächst ein kleiner Zellhaufen, aus dem später ein Baby wird.

So sieht der Körper eines Jungen aus

Auch Jungen haben äußere und innere Geschlechtsorgane. Von außen sieht man den Penis und den Hodensack. Im Hodensack liegen die Hoden und die Nebenhoden. Dort werden die Samenzellen gebildet und aufbewahrt.

Der Penis enthält so genannte Schwellkörper. Wenn ein älterer Junge oder ein Mann Lust auf Sex hat, füllen sich diese Schwellkörper mit Blut. Der Penis wird dadurch ganz hart und richtet sich auf. Das nennt man Erektion. Der Penis kann so beim Geschlechtsverkehr in die Scheide der Frau eingeführt werden.

Die Samenzellen gelangen vom Hoden über den Samenleiter in den Penis. Auf diesem Weg vermischen sich die Samenzellen mit Flüssigkeiten aus verschiedenen Drüsen, zum Beispiel aus der Prostata. Diese Flüssigkeiten und die Samenzellen bilden zusammen die Samenflüssigkeit (Sperma).

Wenn ein Junge und ein Mädchen miteinander schlafen, kommt ein Moment, in dem beide sehr erregt sind. Auf dem Höhepunkt der Erregung ziehen sich alle Muskeln im Unterleib zusammen und man empfindet ein intensives, lustvolles Gefühl. Das nennt man Orgasmus. Beim Orgasmus spritzt die Samenflüssigkeit (Sperma) aus dem Penis des Jungen und gelangt so in die Scheide der Frau.

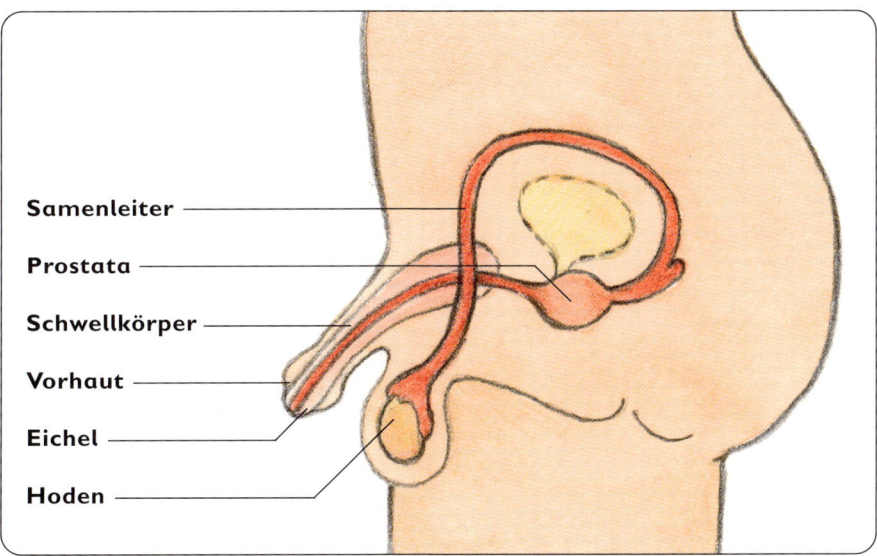

Samenleiter

Prostata

Schwellkörper

Vorhaut

Eichel

Hoden

Unsicherheit gehört dazu!

Wenn du in die Pubertät kommst, erkennst du dich manchmal selbst nicht wieder. Einmal bist du total angriffslustig und streitest plötzlich mit deiner Freundin, mit der du immer ein Herz und eine Seele warst. Und dann wieder ist dir zum Heulen zumute und du weißt gar nicht warum. Und deine Eltern findest du jetzt manchmal richtig peinlich. Schuld daran sind die Hormone, denn sie rütteln nicht nur deinen Körper, sondern auch deine Seele ordentlich durcheinander.

Zu früh erwachsen?

Mädchen kommen heute sehr früh in die Pubertät. Oft ist die Seele dann noch nicht so weit entwickelt wie der Körper. Entscheidend ist, wie es in dir drin aussieht. Hör auf dein Gefühl! Auch wenn du einen Busen bekommst, darfst du noch mit Puppen spielen oder auf Bäume klettern und Kind sein!

Steh zu dir!

Es ist völlig normal, dass du dich erst einmal an dein verändertes Aussehen gewöhnen musst. Während dein Körper wächst und sich entwickelt, passt manches vorübergehend nicht mehr so gut zusammen und du findest vielleicht deine Nase zu groß oder deinen Po zu dick. Doch bald wirst du dich in deinem Körper wieder zu Hause fühlen. Schau dir mal die Mädchen an, die ein paar Jahre älter sind: ganz schön hübsch und selbstbewusst – findest du nicht? Dabei hatten sie in deinem Alter genau dieselben Probleme wie du.

„Bei mir stimmt überhaupt nichts mehr. Meine Arme sind viel zu lang. Und die Füße! Die sind einfach riesig."
FELICITAS, 12 Jahre

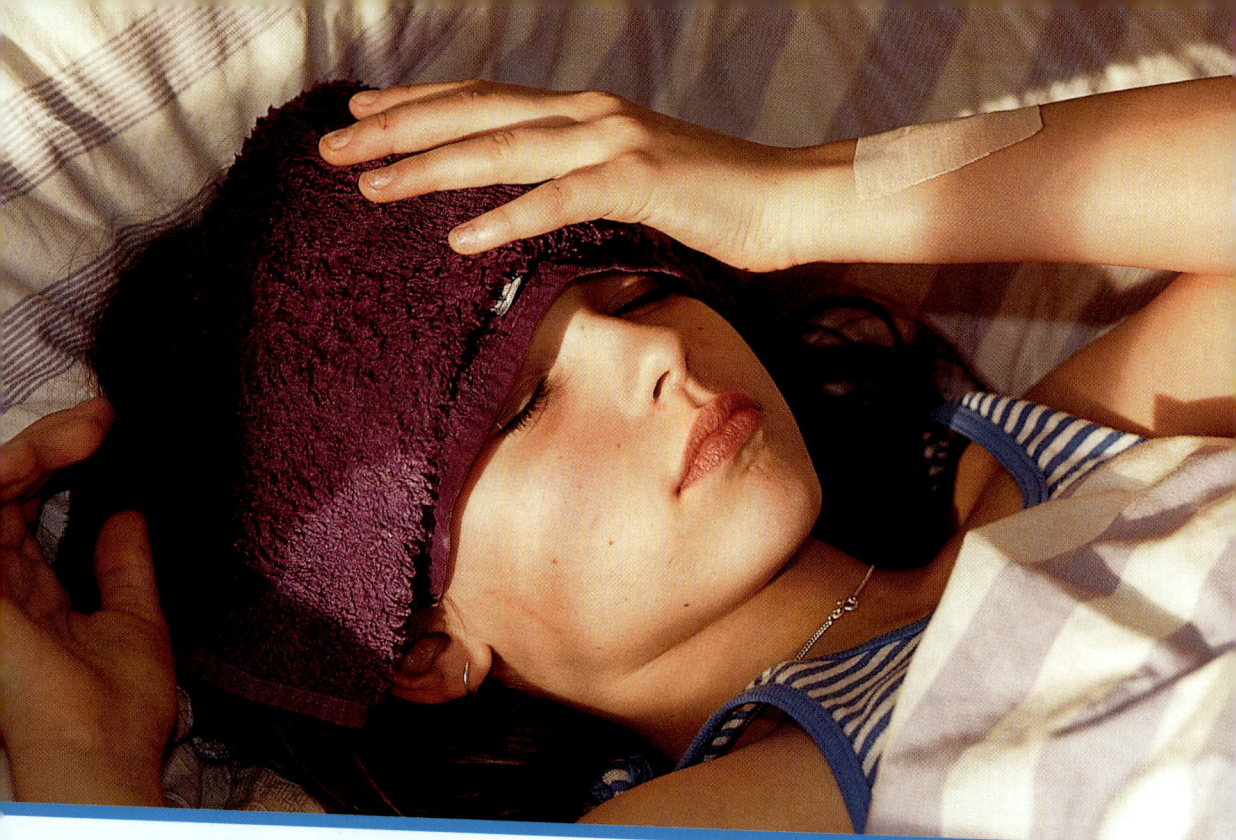

Tipps für die Gesundheit

Sicher hattest du schon ab und zu Kopf- oder Bauchschmerzen, einen Schnupfen oder hast dich einfach nicht
so fit gefühlt wie sonst. Meistens geht so etwas schnell
vorbei. Aber manchmal wird man auch richtig krank.
Das merkst du daran, dass du dich zu schwach fühlst, um
aufzustehen. Vielleicht hast du auch Fieber oder heftige
Schmerzen.

Was ist Krankheit?

Meistens sind Krankheitserreger wie Viren oder Bakterien
Schuld daran, wenn es dir nicht gut geht. Sie dringen
in den Körper ein und bringen das Zusammenspiel der
Organe durcheinander. Nach einiger Zeit wird deine
Abwehr mit den Eindringlingen fertig und du bist wieder
gesund.

Achtung, Allergie!

Viele Kinder haben auch eine Allergie. Dabei reagiert
die Abwehr übertrieben heftig auf Stoffe, die eigentlich
ganz harmlos sind, zum Beispiel auf Blütenpollen
oder Milch. Bei einer Allergie kann man einen
juckenden Hautausschlag oder Atemnot
bekommen.

Fieber

*Wenn du dich nicht wohl fühlst,
solltest du auf jeden Fall Fieber
messen. Du musst die Temperatur
nicht im Po messen, es reicht, wenn du
die Spitze des Thermometers bei ge-
schlossenem Mund unter die Zunge hältst.
Wenn die Temperatur über 39 Grad klettert und du
dich richtig schlecht fühlst, ist es wichtig einen Arzt
zu rufen.*

Häufige Beschwerden

Bauchweh

Viele Kinder haben ab und zu Bauchweh. Oft sind das nur Blähungen, die schnell vorübergehen. Wenn du dich zehn Minuten lang auf den Bauch legst, verteilt sich die Luft besser und das Bauchkneifen lässt nach. Wenn die Schmerzen aber nach ein paar Stunden noch anhalten, musst du zum Arzt. Ursache kann dann eine Blinddarmentzündung sein.

Kopfweh

Bei Kopfweh hilft es oft, wenn du dich eine Viertelstunde aufs Bett legst und die Augen schließt. Auch die Entspannungsübungen auf den Seiten 82/83 und ein heißes Bad tun gut. Wenn du immer wieder Kopfschmerzen bekommst, sollten deine Eltern mit dir zum Kinderarzt gehen.

Hast du alle Impfungen?

Impfungen verhindern, dass du bestimmte Krankheiten wie Masern oder Röteln bekommst. Die meisten Kinder werden als Baby und Kleinkind gegen mehrere Krankheiten geimpft. Manche Impfungen müssen aber im Alter von zehn Jahren aufgefrischt werden. Frag deine Eltern, ob dein Impfschutz okay ist. Das steht im Impfpass.

Schnupfen

Bei Schnupfen schwillt die Schleimhaut in der Nase an und du bekommst schlecht Luft, vor allem nachts. Wenn du Schnupfen hast, solltest du auf mehreren Kissen schlafen, denn dann schwillt die Nasenschleimhaut ab. Auch kühle Luft tut bei Schnupfen gut.

Durchfall

Durchfall bekommt man besonders leicht im Sommer, weil sich in der Wärme Krankheitskeime im Essen vermehren. Iss nichts, was möglicherweise verdorben ist. Wenn du Durchfall hast, musst du viel trinken. Am besten Mineralwasser ohne Kohlensäure, Saft (kein Apfelsaft), Kräutertee mit Zucker und salzige Gemüsebrühe.

Erste Hilfe

Bestimmt hast du schon erlebt, dass jemand aus deiner Klasse plötzlich Nasenbluten bekommen hat. Oder dass einer Freundin oder dir selber ganz schwindlig und schwarz vor Augen wurde. Dann ist es gut, wenn man erste Hilfe leisten kann.

Kreislaufprobleme

Mädchen in deinem Alter haben manchmal Kreislaufprobleme, wenn sie stehen. Sie sind plötzlich käseweiß im Gesicht und werden ohnmächtig, weil das Herz nicht genügend Blut ins Gehirn pumpt. Das ist normalerweise nicht schlimm. Lass das Mädchen auf dem Boden liegen und heb seine Beine hoch. Sobald es wieder zu sich kommt, muss es möglichst viel trinken. Und nicht gleich wieder aufstehen, sondern erst einmal eine Weile sitzen bleiben.

Verbrannt

Bei Verbrennungen und Verbrühungen muss die Haut sofort mit Wasser gekühlt werden. Und zwar nicht nur ein bisschen, sondern ganz lange. Am besten ist es, die verbrannte Stelle unter fließendes Wasser oder in eine Schüssel mit kaltem Wasser zu halten. Wenn das nicht geht, musst du nasse Tücher oder ein nasses T-Shirt auf die verbrannte Stelle legen. Bei jeder stärkeren Verbrennung muss man zum Arzt gehen!

Nasenbluten

Die Blutung wird gestoppt, wenn man zehn Minuten lang die Nase mit Daumen und Zeigefinger zuhält. In der Zwischenzeit durch den Mund atmen. Nicht den Kopf in den Nacken legen, sondern hinsetzen und den Kopf leicht nach vorne hängen lassen. Denn sonst läuft das Blut in den Rachen und man kann sich verschlucken. In den ersten Stunden nach dem Nasenbluten nicht die Nase putzen.

Verschluckt

Wenn beim Essen etwas in die „falsche Kehle", das heißt in die Luftröhre statt in die Speise-röhre gelangt und sich festklemmt, ist das gefährlich, weil man keine Luft mehr bekommt. Ernst ist es, wenn das betreffende Kind nichts mehr sagen kann und blau anläuft. Hilf dem Kind sofort: Es muss sich tief bücken, danach schlägst du mit der Faust kräftig zwischen den Schulterblättern auf den Rücken. Wenn das nichts hilft, stell dich hinter das Kind, leg deine Fäuste übereinander auf den Bauch direkt unter-halb der Brust und drück ruckartig und kräftig zu.

Mir ist schlecht

Wenn dir schlecht ist, weil du zu wenig im Magen hast, iss eine Kleinigkeit. In allen anderen Fällen solltest du erst einmal etwas trinken. Das bringt den Kreislauf in Schwung und schadet auch nichts, wenn du dir den Magen ver-dorben hast. Selbst wenn du dich dann über-geben musst, weil das Trinken den Magen zusätzlich reizt, macht das nichts. Denn auf diese Weise wirst du die Giftstoffe aus verdorbenem Essen am schnellsten wie-der los.

Sonnenbrand

Wenn du einen Sonnenbrand abbekommen hast, rötet sich deine Haut, sie wird heiß und empfindlich und kann anschwellen. Als Erstes gilt: raus aus der Sonne und die Haut mit feuchten Umschlägen kühlen. Du kannst auch eine lindernde Zinklotion auftragen. Wenn sich Blasen bilden und du dich auch unwohl fühlst oder sogar Fieber bekommst, sollte ein Arzt gerufen werden.

Zahn ausgeschlagen?

Ausgeschlagene Zähne können vom Zahnarzt oft wieder eingepflanzt werden. Hauptsache sie trocknen in der Zwischenzeit nicht aus. Am besten ist der Zahn im Mund des Kindes aufgehoben, das ihn verloren hat. Und zwar in der „Backentasche", damit er nicht verschluckt wird. Und dann sofort ab zum Zahnarzt!

Wichtig: Tetanusimpfung

Nach Verletzungen können sich im Körper Tetanusbakterien vermehren. Das ist lebensgefährlich. Eine Impfung gegen Wundstarrkrampf (Tetanus) schützt dich davor. Sie muss alle zehn Jahre erneuert werden.

Adressen

**Sorgentelefon des
Kindesschutzbundes**
Liebenwalden Straße 35 a
13347 Berlin
Tel.: 030/456 15 24

**Bundesverband der
Kinderschutzzentren**
Spichernstraße 55
50672 Köln
Tel.: 02 21/52 93 01

**Bundeszentrale
für gesundheitliche
Aufklärung**
Postfach 910 152
51071 Köln
Tel.: 02 21/89 92 - 0

**Beratungsladen
für Mädchen**
Hackstraße 2
70190 Stuttgart
Tel.: 07 11/28 45 98

Cinderella
Aktionskreis Ess- und
Magersucht
Westendstraße 35
80330 München
Tel.: 089/502 12 12

Adressen in Österreich
Kinderschutzzentrum
Rudolf-Biebel-Straße 50
5020 Salzburg
Tel.: 06 62/44 91 10

Kinderschutzzentrum
Pfarrgasse 8
4600 Wels
Tel.: 072 42/67 16 30

Adresse in der Schweiz
Mädchentreff
Zentralstraße 24
8003 Zürich
Tel.: 01/462 45 67

Register

abschalten 80f.
Abwehr 57, 103
Abwehrkräfte 86
Abwehrsystem 14
Adern 28, 60
Albträume 91
Allergie 43, 103
Angst 63, 89, 93
Anorexie 77
Arterien 15, 60, 61
Atmung 14, 59
Augen 9, 10, 27, 75,
   81, 83, 104
Aussehen 22, 101
Bauch-
   schmerzen 19, 102
   speicheldrüse 72
   weh 104
Beschwerden 104f.
Bettnässen 91
Bewegung 20, 21, 57, 64
blind 54f.
Blinddarm-
   entzündung 104
Blut 60, 61, 73, 74,
   98, 106
Blutkreislauf 61
Brille 22, 24, 50f.
Brüste 94
Darm 12, 15, 60
Daumen 34
Diabetes 73
dick 76f.
Dickdarm 72
Drüsen 28
dünn 76f.

Dünndarm 72
Durchfall 105
Durst 66
Eichel 99
Eierstöcke 95, 97
Eileiter 97
Eisen 74
Ei-
   sprung 97
   weiß 71, 73, 74
   zelle 10, 95, 97
Energie 9, 17, 57, 58,
   71, 73, 86
Entspannung 78ff.
Entspannungs-
   übungen 82f., 104
Erektion 98
erste Hilfe 106ff.
essen 15, 20, 35, 39,
   70ff., 105, 108
Essstörungen 77
Fieber 29, 102, 103,
   109
Fitness-Typ 65
Füße 10, 20, 27, 36f.
Fußpilz 36
Gänsehaut 29
Gebärmutter 95, 97
   -hals 97
   -höhle 97
   -mund 97
   -schleimhaut 97
Gefühle 84f.
Gehirn 9, 17, 12, 13,
   28, 29, 42, 46, 86, 95
Gelenke 62

Geschlechts-
   hormone 95
   organe 95ff.
Gesundheit, Tipps 102f.
Haare 22, 28, 42f., 94
Haare, fettige 31, 94
Haltung 63
Hände 10, 20, 43f., 81,
   83, 89
Harn 15
   -röhre 96
   -system 15
Haut 9, 27, 28ff., 45,
   75, 107, 109
   unreine 31
   -krebs 32
Herz 9, 12, 15, 57, 60f.,
   86, 106
Hobby 20
Hoden 98, 99,
hören 45ff.
Hormone 14, 95, 100
Hörnerv 46
Hörtest 47
Hunger 57, 76
Impfungen 105
Innenohr 46, 47
Kalorien 71, 76
Kalzium 73, 74
Karies 39
Kieferknochen 38, 39
Kitzler 96
Klitoris 96
Knochen 57, 62, 75
Kontaktlinsen 50
Kopfschmerzen 90, 102

Körperpflege 27, 30f.
Kreislauf 15, 108
Kreislaufprobleme 106
Kummer 19, 84, 85
Läuse 43
Lichtschutzfaktor
  (LSF) 33
Lippen 27, 31
Luftröhre 59, 108
Lunge 9, 12, 14, 15,
  59, 60
Magen 12, 15, 72, 108
Magersucht 77
Menstruation 95
Mineralstoffe 73, 74
Mittelohr 46
Mund 15, 72
Muskelkater 66
Muskeln 9, 12, 17, 34,
  36, 57, 58, 61, 62, 75,
  86
Nägel 34, 35
  -beißen 34
Nährstoffe 12, 15, 58,
  60, 71, 72
Nasenbluten 106, 107
Nerv 28, 39
Nerven 13, 35, 75, 96
  -system 9, 13
Neurodermitis 19
Nieren 15
Notruf 69
Ohr 46f.
Ohren 10, 82
Organe 12, 14, 15, 60,
  61, 73, 79, 86, 95, 103
Orgasmus 99
Penis 97, 98, 99

Pflanzen 61
Pickel 31
Plaque 39
Plattfüße 36
Psyche 18
Pubertät 31, 93ff.
Regelblutung 95
Rücken 62, 63, 81, 83
Rückenschmerzen 62
Ruhe 78ff.
Samen-
  leiter 99
  zelle 10 97, 98, 99
Sauerstoff 12, 14, 15,
  58, 59, 60, 61, 74
Schamlippen 96
Scheide 96, 97, 98
schlafen 17, 57, 86ff.
Schlafprobleme 90f.
Schlafwandeln 90
schlecht sein 108
schmecken 45
Schnupfen 102, 105
Schuhe 37
Schweiß 28, 30
  -drüse 28
  -füße 356
Schwellkörper 98
schwitzen 29, 68
Seele 18, 79, 93, 100
sehen 45
Sinnesorgane 13, 28,
  45ff.
Sinneszellen 34, 96
Sonne 32f.
Sonnenbrand 32, 109
Sonnenbrille 50
Sorgen 85

Sorgentelefon 85
Speichel 72
Speiseröhre 15, 72, 108
Sperma 99
Sport 17, 20, 29, 50,
  59, 61, 66ff.
still sitzen 63
Stress 21, 75, 79, 80, 83
Stretching 67
Tetanus-Impfung 109
trinken 68, 73,105,
  106, 108
Trommelfell 46
Unsicherheit 100f.
Urin 15, 96
Venen 15, 60, 61
Verbrannt 107
Verbrennung 58
Verdauung 15
Verdauungssäfte 72
Verdauungssystem 15
Verschluckt 108
Vitamine 74, 75
wachsen 10f., 73, 94
Warzen 35
Weißfluss 95
Zahn,
  ausgeschlagen 109
  -bürste 40f.
  -creme 40
  -seide 40
  -spange 38, 40
Zähne 27, 38ff., 75, 90
  -knirschen 90
  -putzen 39ff.
Zwerchfell 59
Zwölffingerdarm 72